GRACE KELLY

Bilder eines Lebens

04.10.2007

für meine liebste Freundin
zum Geburtstag!

Deine Adelheid

Sie können uns erreichen unter:

www.henschel-verlag.de
www.seemann-henschel.de

Meinen herzlichsten Dank an Catherine Alestchenkoff, Jean-Luc Allavena, Hervé Irien, Jean Mirat und Claude Palmero für ihre Unterstützung bei diesem Buch.
Pierre-Henri Verlhac

Ich widme diesen Bildband der außergewöhnlichsten aller Mütter: meiner, natürlich.
Yann-Brice Dherbier

Die Autoren danken ferner:

Seiner Durchlaucht Fürst Albert II., ohne den dieses Projekt nicht möglich gewesen wäre

Tommy Hilfiger für seine Hommage an Grace Kelly

Ginta Gelvan, Michele Giacalone, Sanne Krom, Quohnos Mitchell
und Reine Willing für ihre Begeisterung und Energie, mit der sie dieses Fotoprojekt verwirklichten

Renaud Sauteret für die grafische Gestaltung dieses siebten Bandes der Reihe „Les images d'une vie"

sowie

Xavier Barral, Pascal Beno, Marie-Christine Biebuyck, Eva Bodinet, Elisabeth Eulry, Claudine Legros, Barbara Mazza, Patrick Olier, Jessica Plobete, Michèle Riesenmey, Catherine Seignouret, Michael Shulman, Steve Spelman und Catherine Terk

Bibliografische Information Der Deutschen Bibliothek
Die Deutsche Bibliothek verzeichnet diese Publikation in Der Deutschen Nationalbibliografie; detaillierte bibliografische Daten sind im Internet über http://dnb.ddb.de abrufbar.

ISBN-13: 978-3-89487-570-1
ISBN-10: 3-89487-570-4

Die Schreibweise entspricht den Regeln der neuen Rechtschreibung.

Lektorat und Satz: Petra Thoms
Umschlagbild: Philip Halsman / Magnum Photo
Grafische Gestaltung: Atalante / Renaud Sauteret / Gorne
Druck und Bindung: EBS, Verona
Printed in Italy

Yann-Brice Dherbier, Pierre-Henri Verlhac (Hrsg.)

GRACE KELLY

Bilder eines Lebens

Mit einem Vorwort von Tommy Hilfiger und
einem biografischen Essay von Laurence Aiach

Aus dem Französischen von Maria Buchwald

HENSCHEL

Meine Mutter ist unzählige Male fotografiert worden, von den größten Fotografen der Welt. Doch was am meisten an ihr faszinierte, das waren ihr Mitgefühl und ihre Großzügigkeit. Sie war niemals darauf bedacht, schön zu erscheinen. Sie war einfach schön. Die in diesem Buch gezeigten Fotos, darunter zahlreiche unveröffentlichte, machen dies einmal mehr bewusst.

Seine Durchlaucht Fürst Albert II.

Grace Kelly besaß eine unglaubliche Ausstrahlung. Als Modeschöpfer habe ich stets die Welt der Stars und die Ikonen, die eine Epoche mit ihrem Stil prägen, mit besonderem Interesse verfolgt. Warum faszinieren uns manche Stars, während andere uns gleichgültig lassen? Warum bezahlen wir, um sie zu sehen, warum träumen wir davon, ihnen ähnlich zu sein? Im Falle Grace Kellys sind die Antworten auf diese Fragen komplexer, als sie zunächst scheinen.

Man hat oft den Ausdruck „porzellanene Schönheit" verwendet, wenn von Grace Kelly die Rede war. Ich finde, dass dieser Vergleich am Wesentlichen vorbeigeht. Ich bin Grace Kelly zwar niemals begegnet, und doch habe ich in gewisser Weise das Gefühl, sie zu kennen. Ich war stets beeindruckt davon, wie sehr sie mit beiden Beinen auf dem Boden stand; sie war eine richtige Frau, die die unglaublichsten Situationen zu meistern wusste. Obwohl sie ein weltweit gefeierter Filmstar war, entschied sie sich für das Leben einer mustergültigen Ehefrau, einer hingebungsvollen Mutter und treuen Freundin. Sie engagierte sich für zahlreiche Wohltätigkeitsvereine, denn vor allem war sie Philanthropin. Was bei anderen wie ein Klischee hätte wirken können, war bei ihr echt. Sie strahlte aus einer inneren Schönheit heraus.

Ihr Look war einfach, untadelig und klassisch. Sie war von natürlicher Schönheit, weder eitel noch künstlich. Grace Kelly hatte es nicht nötig, auf ihren Haarschnitt oder ihr Make-up zu setzen, sie brauchte sich auch nicht mit Schmuck zu behängen. Sie war in allen Lebenslagen erstaunlich gradlinig, selbstbewusst, menschlich und ungezwungen. Ich glaube, ihre Offenheit war ihre größte Stärke.

Sie hat mich innerhalb sehr kurzer Zeit tief geprägt, auch wenn es vergleichsweise wenige Filme mit ihr gibt. Bei *Über den Dächern von Nizza* lief es mir kalt den Rücken hinunter. Der Film wurde an der französischen Mittelmeerküste gedreht, eine meiner Lieblingsgegenden überhaupt. Grace Kelly vor der Kulisse dieser eindrucksvollen Landschaften, und die ganze Côte d'Azur erwacht zu neuem Leben!

Zu diesem Zeitpunkt ihrer Karriere war ihr Name stets auf den Listen der bestangezogenen Frauen zu finden, und der ganzen Welt war sie Beispiel für Stil und Eleganz. Alles sah so einfach und leicht an ihr aus. Grace Kelly kümmerte sich nicht um Moden. Sie schuf ihre eigene. So war sie die einzige Schauspielerin in Hollywood, die weiße Handschuhe trug. Selbst *in natura* besaß sie einen ungemeinen Glanz. Gegen ihren eigenen Willen wurde sie zur Ikone.

Sie war bedeutend. Sie strahlte. In den Fünfzigerjahren war das Wort „entzückend" populär und wurde für alles und jedes verwendet. Doch im Fall von Grace Kelly war es tatsächlich sehr passend. Man schaute sie nicht nur auf der Leinwand an, man war buchstäblich entzückt von ihr.

Mit sechsundzwanzig Jahren zog sie sich aus dem Filmgeschäft zurück, obwohl sie allergrößten Erfolg hatte und ihr die Academy of Motion Picture Arts and Sciences soeben den Oscar für die Beste Hauptdarstellerin verliehen hatte. Sie drehte noch den Film *Die oberen Zehntausend*, der ebenfalls ein großer Publikumserfolg wurde. In diesem Film sang sie zum ersten Mal auf der Leinwand, und zwar *True Love* im Duett mit Bing Crosby. Ich kann mir vorstellen, dass ihre Darbietung hervorragend war, denn damals war sie gerade der großen Liebe ihres Lebens begegnet: Fürst Rainier III. von Monaco. So war sie nicht nur eine Königin der Leinwand, sie sollte bald auch ein königliches Leben führen.

Ihre Rolle als Fürstin war die reizvollste ihres Lebens. Schon zuvor hatte sie ein Leben im Scheinwerferlicht geführt; jetzt stand sie unter ständiger Beobachtung der Medien. Doch das schien ihr nichts auszumachen. Sie stellte sich rasch darauf ein und eroberte die Welt.

Grace Kelly hatte ein unglaubliches und aufregendes Leben. Dieses Buch macht es möglich, dass wir uns ihren einzigartigen Lebensweg vergegenwärtigen können. Während ich die Seiten umblättere, wird mir klar, dass es niemals eine zweite Grace Kelly geben wird. Unendlich viele schöne Frauen werden im Rampenlicht stehen, doch Grace Kelly wird unvergleichlich bleiben.

Tommy Hilfiger

Grace

GRACE KELLY

von Laurence Aiach

GRACE KELLY

„Es war einmal eine Fürstin mit dem lieblichen Namen Grace …" So wie in einem Märchen könnte ihre Geschichte beginnen. Aber Grace Kelly war viel mehr als das: eine talentierte Schauspielerin, eine wunderschöne Frau, ein junges Mädchen aus gutem Hause, das zur Hoheit aufstieg. Grace Kelly hat mehrere Leben gelebt …

Den Kellys, die stolz auf ihre irische Herkunft waren, lag stets viel daran, sich ihrem Erbe gewachsen zu zeigen. Grace' Großvater, John Henry, bestieg mit zwanzig Jahren ein Schiff in Richtung Neue Welt, um dem Hunger und den blutigen Aufständen der zweiten Hälfte des 19. Jahrhunderts zu entfliehen. Nachdem er sich in Schuylkill (Philadelphia) an der Ostküste der Vereinigten Staaten niedergelassen hatte, gründete er eine Familie mit einer jungen Irin, die wie er aus der Grafschaft Mayo stammte. Sie hatten zusammen zehn Kinder, darunter den zukünftigen Vater von Grace, John Brendan. Da die Kellys zu arm waren, um allen ihren Kindern den Schulbesuch zu ermöglichen, schickten sie die ersten sieben in eine Fabrik; nur den drei letzten war eine Schulbildung vergönnt. John war einer von ihnen. Erzogen mit christlichen Wertvorstellungen, wurde er ein sportbegeisterter junger Mann von untadeligem Lebensstil. Im Ersten Weltkrieg wurde er in die Army aufgenommen und in Frankreich eingesetzt. Als ausgezeichneter Boxer errang er den Meistertitel der amerikanischen Infanterie. Nach seiner Rückkehr aus dem Krieg trat er in das Unternehmen seines Bruders ein, wo er als Maurergehilfe anfing, um dann Stein auf Stein seine weitere Karriere aufzubauen …

Mit Hilfe eines Darlehens über 7000 Dollar gründete er sein eigenes Ziegeleiunternehmen und weitete es im Laufe der Jahre zu einem Bauimperium aus. Einige Jahrzehnte später wurde sein Vermögen anlässlich der Heirat seiner Tochter geschätzt – auf 18 Millionen Dollar! John B. Kelly war nicht nur ein hervorragender Unternehmer und ein geachteter und beliebter Mann, er war auch ein ausgezeichneter Sportler. Besonders begeisterte er sich für den Rudersport und errang in dieser Disziplin bei den Olympischen Spielen in Antwerpen im Jahr 1920 sogar die Goldmedaille. 1924 heiratete er Margaret Mayer, eine schöne junge Frau deutscher Abstammung. Auch sie war eine begnadete Sportlerin; sie lehrte – als erste Frau – Körpererziehung an der Universität von Philadelphia. Das junge Paar ließ sich in Germantown, einem gutbürgerlichen Vorort von Philadelphia, nieder. Vier Kinder entsprangen dieser Ehe: Margaret (genannt Peggy), John jr., Grace Patricia und Elizabeth (mit dem Spitznamen Lizanne).

Ein musterhaftes kleines Mädchen

Die Kelly-Kinder wachsen in einer prachtvollen Villa mit fünfzehn Zimmern auf, es fehlt ihnen an nichts. Ein schwarzes Dienstmädchen mit dem Namen Godfrey Ford kümmert sich Tag und Nacht um sie. In diesem geräumigen Anwesen, das von einem Garten und großen Gemüsebeeten eingerahmt wird, erlebt die kleine Grace, die am 12. November 1929 geboren wird, eine wohlbehütete Kindheit. Da sie an Asthma leidet, muss sie einen Großteil dieser Jahre im Bett verbringen. Mit ihren häufig auftretenden Erkältungen und Rachenentzündungen ist sie bei Weitem das zarteste Kind der Familie. Während ihre Geschwister draußen spielen, bringt sie ganze Tage in ihrem Zimmer zu. Ihre Puppen, denen sie fortwährend Geschichten erzählt, sind ihre einzigen Freundinnen.

Dieses ruhige, folgsame, schüchterne, kurzsichtige, linkische, introvertierte, träumerische und verschlossene Kind Grace legt seit frühestem Alter eine erstaunliche „Seelenruhe" an den Tag, wie ihre Mutter es nannte. Selbst wenn sie von ihren Schwestern angegriffen wird, setzt sie sich nicht zur Wehr. Da sie durch ihre schwache Gesundheit von den anderen isoliert ist, schafft sie sich ihr eigenes Universum, das von Puppen und virtuellen Helden bevölkert ist. In ihrem Zimmer, im Garten oder im Schrank, in den sie sich häufig flüchtet, erzählt sie sich selbst Geschichten. „Goldlöckchen", wie ihre Eltern sie nennen, ist zweifellos eine Außenseiterin. Sie ist ganz und gar nicht sportlich und verspürt keinerlei Neigung zu Wettkämpfen.

Ihre Mutter, eine sehr willensstarke Frau, ist die personifizierte Autorität. Von ihren Kindern „Boss" oder „preußischer General" genannt, sorgt sie für eine fast militärische Atmosphäre im Hause. Sie geizt mit Zärtlichkeit, und man kann wirklich nicht sagen, dass sie ihre Kinder mit liebevollen Gesten überschüttet – im Gegenteil. Bei den Kellys wird auf Pünktlichkeit geachtet, und niemand, nicht einmal das Oberhaupt der Familie, würde es wagen, sich dieser Regel zu widersetzen. Sparsam, gut organisiert, ordentlich, streng plant Grace' Mutter den Tagesablauf der Familie auf die Minute.

Als gläubige Katholiken besuchen die Kellys jeden Sonntag die Messe, und vor jeder Mahlzeit wird ein Tischgebet gesprochen. Mit sechs Jahren wird die kleine Grace Patricia in die Klosterschule Ravenhill Academy of the Assumption geschickt, wo sie bis zum vierzehnten Lebensjahr in der Obhut der dortigen Schwestern bleibt. Grace, artig und zart, ist geradezu die Verkörperung des musterhaften kleinen Mädchens. Sie ist eine gute Schülerin, fleißig und diszipliniert, und nimmt an zahlreichen Wohltätigkeitsveranstaltungen teil. Da sie streng erzogen worden ist, lehnt sie sich niemals gegen ihr Schicksal auf. Sie hat ein Faible für Tiere, insbesondere Hunde, und begeistert sich bald für die Prinzessinnen Elizabeth und Margaret von England. Eifrig sammelt sie Zeitungsausschnitte und Artikel über das Leben der englischen Prinzessinnen.

Grace ist bei weitem die Unsportlichste in der Familie, zeigt jedoch seit ihrer frühesten Kindheit eine offenkundige Neigung für die Künste. Sie ist hoch musikalisch, zeichnerisch begabt und eine begeisterte Leserin. Mit acht Jahren beschließt sie, Ballerina zu werden. Sie nimmt Tanzstunden und hat bei Kindervorstellungen ihre ersten kleinen Auftritte. Seit sie sechs Jahre alt ist, spielt sie zum Amüsement der Nachbarn an der Seite ihrer Geschwister die Jungfrau Maria oder Aschenputtel. Mit zwölf Jahren macht sie in East Falls ihre „ersten Schritte" auf der Bühne, in der Aufführung des Theaterstücks *Don't Feed the Animals*.

Die Kellys wissen um das Talent ihrer Tochter; sie sind davon überzeugt, dass sie sehr begabt ist. Hochgewachsen und schlank, mit feinen Gesichtszügen, das Gesicht noch kindlich und so schüchtern, dass sie zum Rotwerden neigt, wird Grace allmählich zur Frau.

Immer häufiger blicken die Männer ihr nach, doch deren Avancen und Komplimente machen Grace eher verlegen. Ihr Erfolg beim anderen Geschlecht geht zu jenem Zeitpunkt nicht über Flirts hinaus. Mit knapp vierzehn Jahren tritt sie in die Stevens School in Chestnut Hill ein. Auch hier hebt sie sich durch ihre guten Manieren, ihr artiges Betragen und ihre Haltung von den anderen Mädchen ab.

Mit sechzehn Jahren misst Grace Kelly 1,67 Meter. Sie geht zum Schwimmen und sieht sich leidenschaftlich gern Musicals im Kino an. Am Ende ihrer Schulzeit trägt sie sich mit dem Gedanken an ein Schauspielstudium, aber es gelingt ihr nicht, ins angesehene Bennington College aufgenommen zu werden. Als ihre Eltern mit ihr im Sommer 1947 eine Rundreise durch Europa unternehmen, nutzt sie die Gelegenheit, um London und seine Theater zu besuchen. Bei ihrer Rückkehr steht ihr Entschluss fest: Sie wird Schauspielerin werden.

New York

Mit siebzehneinhalb Jahren verlässt sie das Nest der Familie und geht von Philadelphia nach New York. Ihr Ziel ist es, in die American of Dramatic Arts aufgenommen zu werden. Bei ihrem Vorsprechen für die Aufnahme in die Academy urteilen die Professoren über sie: „Sensibel, ziemlich gut. Hat echtes Talent, auch wenn ihre Stimme noch nicht richtig ausgebildet ist."

Im Oktober 1947 beginnt sie ihr Studium. Wie zahlreiche andere junge Mädchen aus gutem Hause kommt sie im Barbizon Hotel unter, einem „Haus für ledige Frauen" in New York. Während der folgenden zwei Jahre lernt sie tanzen, erhält Sprecherziehung und Unterricht im szenischen Ausdruck. Da sie eine sehr fleißige und gewissenhafte Schülerin ist, widmet sie ihre Tage und Nächte ausschließlich ihrem beruflichen Fortkommen. Für sie zählt allein, ihre Eltern nicht zu enttäuschen. Da es für sie nicht infrage kommt, ihren Vater um Geld zu bitten, arbeitet sie als Fotomodell, um sich etwas nebenher zu verdienen. Bald folgt ein Fotoshooting auf das nächste – die Palette reicht von Zigaretten bis Seife über Kosmetika und Haarshampoos. Die junge Frau kann sich nun ein bequemes Leben leisten, es fehlt ihr an nichts. Nach und nach dehnen sich ihre Aufträge auch auf das Fernsehen aus. Dank ihres natürlichen, telegenen Auftretens ist sie geradezu prädestiniert für eine Bildschirmkarriere.

Im zweiten Jahr an der American Academy zählt Don Richardson zu ihren Lehrern. Groß, elegant und im reifen Alter, lässt der dunkelhaarige Beau das Herz der jungen Schönen dahinschmelzen. Er wird ihr erster Liebhaber. Doch als sie ihn zu einem Abendessen ins Haus ihrer Eltern mitnimmt, um ihn der Familie zu präsentieren, gerät der Besuch zu einem Fiasko, und kurze Zeit später hat die Romanze ein Ende.

Sobald Grace Kelly ihr Diplom in der Tasche hat, tut sie das, was alle Schauspielerinnen zu Beginn ihrer Karriere tun: Sie läuft von einem Besetzungsbüro zum anderen und spricht vor, in der Hoffnung, eine Rolle zu ergattern. Ihr wird klar, dass sie ein für die damalige Zeit störendes „Handikap" hat: Sie ist zu groß für viele männliche Partner. Sie fährt quer durch Amerika, um auf den Bühnen von Provinztheatern aufzutreten. Im Jahr 1949, mit zwanzig Jahren, erhält sie ihre erste große Rolle in dem Stück *Der Vater* von August Strindberg. Ohne über nennenswerte Erfahrung zu verfügen, betritt sie am Abend der Premiere die Bühne, vor einem großen Publikum und ihrer Familie, die vollzählig erschienen ist. Sie ist halbtot vor Lampenfieber. Trotz des nur mäßigen Erfolgs des Theaterstücks (das nach zwei Monaten vom Spielplan genommen wird) ist die Schauspielerin Grace Kelly geboren ...

Im Jahr 1950 nimmt die Agentin Edith Van Cleve sie unter ihre Fittiche. Wie alle Schauspielerinnen, die etwas auf sich halten, lässt Grace Kelly sich in Manhattan nieder. Bald kommen die ersten Fernsehangebote. Zwischen der Verfilmung einer Erzählung von F. Scott Fitzgerald *(The Rich Boy)*, einer Fernsehserie *(Berkeley Square)* und einer Rolle als Varietésängerin *(Lights Out)* dreht sie *The Way of the Eagle* mit dem französischen Schauspieler Jean-Pierre Aumont. Zu Beginn der Zusammenarbeit verhält sich die junge Schauspielerin ihm gegenüber extrem distanziert und ausgesprochen höflich. Dass sie ihn ständig mit „Mr. Aumont" anredet, bringt ihn schier auf die Palme. Aber es dauert nicht lange, und die kühle Blonde und der charmante Franzose werden unzertrennlich. Die Proben für ihre Liebesszenen gipfeln in denkwürdigen Lachanfällen.

Grace Kelly, immer noch auf der Suche nach einer großen Kinofilmrolle, lässt sich nicht entmutigen. Das Fernsehen gibt ihr Arbeit, und zumindest stellt ihre Größe hier kein Problem dar. Bei einer Probeaufnahme mit dem Regisseur Gregory Ratoff für *Taxi* überzeugt sie nicht. Aber das Schicksal meint es gut mit ihr. John Ford und Alfred Hitchcock bekommen ihre Probeaufnahme zu sehen. Kurze Zeit später gibt ihr Henry Hathaway eine kleine Rolle in *14 Stunden*. Es ist ihr erster Kinofilm.

Das nächste Angebot ihrer Agentin ist eine Rolle in *Zwölf Uhr mittags*. Ein ausgefallenes Projekt: ein Western, der ganz (oder zumindest weitgehend) ohne Indianer oder Cowboys, ohne Schießereien oder Verfolgungsjagden zu Pferde auskommen soll. Ganz Hollywood ist irritiert. Grace zögert, das Angebot anzunehmen. Sie ist nicht gerade angetan von dem Vorhaben, zumal sie für den Zeitraum der Dreharbeiten noch mehrere andere Angebote hat.

Gleichzeitig wird ihr von United Artists ein Dreijahresvertrag angeboten – den sie ablehnt! Grace Kelly möchte sich nicht an Hollywood „verkaufen". Sie will nicht durch einen Vertrag geknebelt werden und ist nicht bereit, ihre Freiheit aufzugeben. Sie beharrt auf ihrem Standpunkt und setzt sich durch. Die Filmgesellschaft gibt nach, der Drehplan wird geändert: Die Dreharbeiten werden bis zum Herbst 1951 verschoben. Und bei United Artists ist man einverstanden, sie nur für diesen einen Film unter Vertrag zu nehmen. Grace Kelly fliegt also nach Hollywood.

Ein Star wird geboren

Ohne ihre Familie, sich selbst überlassen, einsam und verloren, kommt Grace mit ihrem neuen Leben in Hollywood und dem Druck, den die Produktionsfirmen auf sie ausüben, nur schwer zurecht. Bei ihrem Partner Gary Cooper, der ebenso schüchtern und zurückhaltend ist wie sie, findet sie keinerlei Trost. Betrübt, sie in dieser Verfassung zu wissen, schickt ihr die Mutter ihre beiden Schwestern Margaret und Lizanne zur Seite. Die drei Mädchen wohnen in einer Suite des Nobelhotels *Château Marmont* und genießen das feudale Leben in vollen Zügen.

Nach Beendigung der Dreharbeiten und ihrer Rückkehr nach New York nimmt Grace Kelly ihr altes Leben wieder auf. Sie lernt einen irischen Schauspieler kennen, mit dem sie ihre erste wirkliche Liebesbeziehung erlebt. Gene Lyons, der aus bescheidenen Verhältnissen stammt, derzeit in Scheidung lebt und einen deutlichen Hang zum Alkohol hat, wird vom Kelly-Clan nicht gerade mit offenen Armen empfangen. Der Druck seitens der Familie ist so stark, dass ihre junge Liebe daran zerbricht und die Liaison endet.

Als *Zwölf Uhr mittags* 1952 in die Kinos kommt, ist der Andrang nicht gerade überwältigend. Zu verunsichert ist man von diesem atypischen Western. Doch dank der Mundpropaganda wird der Film entgegen allen Erwartungen ein Riesenerfolg. Gary Cooper erhält den Oscar als Bester Hauptdarsteller für seine Leistung. Während dieser Zeit ist Grace in New York ganz in ihrem Element. Sie genießt ihre Anonymität, die es ihr ermöglicht, unerkannt durch die Straßen zu schlendern. Sie besucht Galerien und Museen. Weit weg vom Trubel Hollywoods und seiner unerträglichen Atmosphäre lebt sie wieder auf.

Die angesehene Filmproduktionsfirma Metro Goldwyn Mayer, die auf der Suche nach neuen Gesichtern ist, bietet ihr einen mehrjährigen Vertrag an. Sie lehnt ab. Zur selben Zeit erhält sie ein Angebot für Dreharbeiten in Afrika, für *Mogambo*. Wie sollte sie nicht begeistert sein von der Aussicht, in einem Film von John Ford mitzuspielen, „King" Clark Gable das Stichwort geben zu dürfen und dabei einen Einblick in den geheimnisvollen Kontinent Afrika zu bekommen! Bedrängt von MGM, deren Vertreter alles daransetzen, sie doch noch umzustimmen, unterzeichnet Grace schließlich einen Siebenjahresvertrag – am Flughafen, unmittelbar vor dem Abflug nach Kenia.

Trotz der geradezu fürstlichen Behandlung der Schauspieler (Clark Gable, Ava Gardner und Grace Kelly) arten die Dreharbeiten in eine Folge von Katastrophen aus: Extreme Wetterbedingungen, sintflutartige Regenfälle, ein Mitglied des Technikteams kommt ums Leben, ein angespanntes sozio-politisches Klima, tägliche Streitereien zwischen Ava Gardner und ihrem Ehemann Frank Sinatra, der sie begleitet – mehr als einmal ist die Produktionsfirma kurz davor, das Projekt abzubrechen. Doch die Vitalität und die Lebensfreude der jungen Frau wirken sich auch auf die anderen Schauspieler aus und tragen dazu bei, das Filmteam einander wieder näher zu bringen.

Zurück in den Vereinigten Staaten und von nun an unter Vertrag bei MGM, zieht Grace endgültig nach Hollywood um. Als der Film *Mogambo* 1953 in die Kinos kommt, wird er ein beachtlicher Erfolg. Grace Kelly wird sogar für den Oscar nominiert. Aber ein richtiger Star ist sie dennoch nicht; vorerst muss sie sich gedulden, bis sie die begehrte Trophäe erhält.

Als ihre Agentin bemerkt, dass ihr Schützling Grace weit weg von der Familie nur Trübsal bläst, besorgt sie ihr eine Theaterrolle in Philadelphia: in dem Stück *The Moon is Blue*. Kaum dort angekommen, erfährt Grace, dass die Filmfirma Warner sie unbedingt für den nächsten Film von Alfred Hitchcock haben möchte. Obwohl der „Meister des Suspense" sie noch nie wirklich gesehen hat, weder auf der Leinwand noch auf der Bühne, sondern lediglich in den verunglückten Probeaufnahmen für *Taxi*, besteht er darauf, die weibliche Hauptrolle mit ihr zu besetzen. Und so kommt es, dass Grace Kelly ab Ende Juli 1953 den ersten Film mit ihrem zukünftigen „Meister und Pygmalion" dreht.

In *Bei Anruf Mord* spielt sie die Margot. Zum ersten Mal unter seiner Regie, wird sie vollends zu Hitchcocks Geschöpf. Grace ist dreiundzwanzig Jahre alt, und wie ein Maler seine Leinwand bearbeitet, formt Hitchcock die junge Frau nach seinem Gusto. Und schafft damit eine Femme fatale, wie sie unnahbarer und gleichzeitig unerschrockener kaum sein könnte – eine eiskalte Blondine, unter deren glatter Oberfläche die Leidenschaften nur so brodeln ...

Wenige Monate nach Ende der Dreharbeiten erhält Grace gleich zwei interessante Angebote: Sie kann entweder als Partnerin von Marlon Brando in *Die Faust im Nacken* unter der Regie von Elia Kazan spielen oder an der Seite von James Stuart in *Das Fenster zum Hof* erneut mit Alfred Hitchcock zusammenarbeiten. Da sie Hitchcock Kazan vorzieht und lieber mit Stewart als mit Brando arbeiten möchte, überlässt sie die ihr zugedachte Rolle in *Die Faust im Nacken* Eva Marie Saint.

Bei den Dreharbeiten, die in den Paramount-Studios stattfinden, zeigt sich nach und nach, welche Wunder der Ausnahmeregisseur zu vollbringen vermag. Fügsam lässt Grace Kelly sich von Hitchcock leiten, befolgt seine Anweisungen Schritt für Schritt, wohl wissend, dass diese Rolle sie zum Star machen wird.

Das Image der eiskalten Ikone, das ihr mittlerweile anhaftet, amüsiert sie bloß, denn tatsächlich ist sie voller Schalk und heiter wie ein Kind – aber immer zugleich hoch konzentriert und professionell. „Wissen Sie, dass Grace Kelly, die allem Anschein nach so kühl ist, in sich einen Vulkan aus Sensibilität, Erotik und Leidenschaft birgt?", fragt Hitchcock einmal. *Das Fenster zum Hof* kommt im Sommer 1954 heraus und wird ein klarer Erfolg.

Kaum sind die Dreharbeiten zu *Das Fenster zum Hof beendet*, dreht sie schon den nächsten Film und danach gleich einen weiteren ... In den Jahren 1953 und 1954 ist sie gefragt wie nie. Innerhalb von dreizehn Monaten hat Grace Kelly in sechs Filmen mitgespielt: *Bei Anruf Mord, Das Fenster zum Hof, Die Brücken von Toko-Ri, Ein Mädchen vom Lande, Grünes Feuer* und *Über den Dächern von Nizza*. Die Presse reißt sich um Interviews und Fotos von Hollywoods neuem Liebling.

Eine verliebte Frau

In *Die Brücken von Toko-Ri* verkörpert sie die Gattin von William Holden. Grace erliegt dem Charme des zwölf Jahre älteren verheirateten Schauspielers. Rasch wird aus dem Flirt echte Leidenschaft.

Bis über beide Ohren verliebt, erwägt William Holden, sich von seiner Frau scheiden zu lassen, um Grace heiraten zu können. Überglücklich bringt die junge Liebende ihn mit nach Philadelphia, um ihn ihrer Familie vorzustellen. Doch wiederum erhebt der Kelly-Clan Einspruch. Mit tatkräftiger Hilfe von Mrs. Holden machen die Kellys dieser Liaison und allen damit verbundenen Plänen ein Ende. Doch wenige Monate später werden Dreharbeiten die beiden erneut zusammenführen.

In *Ein Mädchen vom Lande* spielt Grace an der Seite von William Holden und Bing Crosby. Das Einvernehmen des Trios ist geradezu idyllisch. Die beiden Männer, buchstäblich verzaubert von der jungen Frau, umwerben sie abwechselnd. William Holden und Grace finden erneut zusammen, und ihre Leidenschaft flammt wieder auf. Auch Bing Crosby macht ihr den Hof, doch ohne Erfolg.

Nach Beendigung der Dreharbeiten fliegt Grace nach Kolumbien, um mit Stuart Granger als Filmpartner in *Grünes Feuer* zu spielen. Aber vor allem denkt sie an ihren nächsten Film. Sie kann es kaum erwarten, wieder mit Alfred Hitchcock arbeiten zu dürfen, der sie an die Côte d'Azur beordert hat, um mit ihr *Über den Dächern von Nizza* zu drehen.

Im Juni 1954 besteigt Grace das Flugzeug nach Cannes. Sie ist überglücklich. An der Seite von Cary Grant verlebt sie eine heitere Zeit. Cary, der mit dem Ehepaar Onassis befreundet ist, nimmt Grace mit zu einem Diner auf der Yacht *Christina*, wo sie herrliche Stunden in Gesellschaft des griechischen Milliardärs verbringt. Während der Dreharbeiten wird Grace von dem Modeschöpfer Oleg Cassini begleitet. Der russischstämmige italienische Graf hat monatelang warten müssen, bis die junge Frau seinen Avancen nachgab. Cassini, der den Kennedys nahesteht, ist ein bekannter und viel geschätzter Schöngeist. Nach zwei Scheidungen, eine von Gene Tierney, der Mutter seiner beiden Töchter, gedenkt er keineswegs, in Zukunft allein zu bleiben. Er führt die Schauspielerin in die besten Restaurants der Küste und erweist sich als romantischer Begleiter.

Unter der Mittelmeersonne, in einem bezaubernden Rahmen und fern von Hollywood, willigt Grace ein, seine Frau zu werden. Aber Mr. und Mrs. Kelly, alarmiert von den Gerüchten und den Fotos, die in den einschlägigen Blättern zirkulieren, erklären ausdrücklich, dass sie mit dieser Verbindung nicht einverstanden sind. In ihren Augen ist Oleg Cassini ein zwielichtiger Verführer. Grace sagt sich von ihm los.

Körperlich und nervlich am Ende, kehrt die junge Frau deprimierter als je zuvor nach Los Angeles zurück. Diese gnadenlose kalifornische Welt, die sie nie geliebt hat, kommt ihr jetzt wie eine Hölle vor. Die „reizende Miss Kelly" wird launisch, aggressiv und cholerisch. Wutanfälle, Tränen, Appetitlosigkeit – die Krise ist schlimmer, als es auf den ersten Blick den Anschein hat. In ihrer Einsamkeit erscheint ihr alles um sie herum fremd und feindlich. Ihr Leben, ihre Freunde, ihre Familie und das Filmmilieu gehen ihr auf die Nerven. Sie spielt sogar mit dem Gedanken, ihre Karriere aufzugeben. Hollywood, ein Moloch, in dem einzig der Kassenerfolg zählt, verkörpert all das, was sie hasst. Sie will hier nicht mehr leben, will weder die indiskreten Schlagzeilen noch die aufdringlichen Fotografen ertragen müssen. Sie sehnt sich nach New York zurück und reist Hals über Kopf aus Los Angeles ab.

Monatelang lehnt sie jedes Rollenangebot ab. Daraufhin wirft MGM ihr fehlenden guten Willen vor und behält ihr Gehalt ein, „um sie zu bestrafen". Zu Hause, „in Sicherheit", lebt sie wieder auf.

Im Winter 1954 erfährt sie, dass sie für den Oscar als Beste Hauptdarstellerin nominiert ist – für ihre Rolle in *Ein Mädchen vom Lande*. Da auch Judy Garland in derselben Kategorie vorgeschlagen worden ist – für *A Star is Born* –, rechnet sie sich keinerlei Chancen aus. Im Februar 1955 reist sie trotz allem nach Hollywood, um der Zeremonie beizuwohnen. In einem von ihrer Freundin Edith Head entworfenen Kleid erregt sie bei ihrer Ankunft großes Aufsehen. Alle drehen sich nach ihr um, Grace ist atemberaubend. Neben ihren Kollegen ruhig auf ihrem Platz sitzend, erwartet sie, wie das gesamte Publikum, dass Judy Garland aufgerufen wird. William Holden erscheint auf der Bühne, öffnet den Umschlag und verkündet mit strahlendem Lächeln: „The winner is ... Grace Kelly!" Unter donnerndem Applaus betritt die junge Frau die Bühne, schöner denn je, auf dem Gipfel ihres Erfolges. Innerhalb von nur fünf Jahren hat sie eine wahre Meisterleistung vollbracht. Anerkannt von ihren Kollegen, geliebt vom Publikum, ist sie der Star der Stunde.

Nach einigen Tagen Urlaub, den sie zusammen mit ihrer Schwester in Jamaika verbringt, folgt sie der Einladung zu den Filmfestspielen in Cannes. Sie wird drei Tage dort bleiben, um *Ein Mädchen vom Lande* vorzustellen und an der Abendgesellschaft teilzunehmen, die ihr zu Ehren geplant ist.

Ein unvergessliches Bankett

Am 26. April 1955 beginnen die Filmfestspiele unter der Leitung von Marcel Pagnol. Nachdem Grace mit dem Zug in Nizza eingetroffen ist, begegnet sie dem einzigen ihr bekannten Franzosen wieder, ihrem Freund Jean-Pierre Aumont. Die beiden sind unzertrennlich und verbringen ihre ganze Freizeit zusammen. Hinter ihrer vermeintlich rein platonischen Freundschaft verbirgt sich in Wahrheit eine reizende Liebesgeschichte und echte Komplizenschaft. Um den Paparazzi zu entgehen, flüchten sie sich ins Restaurant *Réserve Montana* in La Napoule. Von diesem Essen in trauter Zweisamkeit existiert ein denkwürdiges Foto.

Grace Kelly, in einen strengen Zeitplan eingespannt, stellt sich bereitwillig Fotografen und Journalisten. Nachdem sie einen Tag mit dem Repräsentanten von MGM im Umland verbracht hat, muss sie bei ihrer Rückkehr nach Cannes feststellen, dass alle Welt bereits von ihrer „bevorstehenden Hochzeit" mit Jean-Pierre Aumont spricht.

Dann kommt der Tag, der den Lauf ihres Lebens für immer verändern wird – Freitag, der 6. Mai 1955. Ihr Terminplan ist geradezu beängstigend: Sie soll ihren Film der Presse vorstellen, mehrere Interviews geben, zum Friseur gehen, einen Fürsten in Monaco treffen und an dem Diner und der Abendgesellschaft teilnehmen, die ihr zu Ehren veranstaltet werden. Sie hinkt ihrem Zeitplan hinterher, trifft zwischen zwei Terminen Jean-Pierre Aumont und vertraut ihm an, dass sie diesen „Fürstenbesuch" in Monaco am liebsten absagen würde.

Die Begegnung, von der Zeitschrift *Paris Match* (Pierre Galante) in die Wege geleitet, ist in Wirklichkeit ein „Fototermin", bei dem der bekannteste Hollywoodstar und der begehrteste Junggeselle Europas erstmals zusammentreffen sollen. Nachdem Jean-Pierre Aumont sie von der „diplomatischen" Bedeutung eines solchen Treffens überzeugt hat, erklärt sie sich bereit, den Termin wahrzunehmen.

Sie schlüpft in ein leichtes Blumenkleid und verlässt das Hotel mit noch feuchten Haaren. Mit Höchstgeschwindigkeit rast der Wagen zu seinem Bestimmungsort. Grace kommt pünktlich an, der Journalist und seine Fotografen betreten den fürstlichen Palast. Doch Rainier ist noch nicht eingetroffen; er lässt ausrichten, dass er in seiner Villa in Beaulieu aufgehalten worden sei und so bald wie möglich da sein werde.

Nachdem Grace den Fürsten nach seiner Ankunft mit einem Hofknicks begrüßt hat, bedauert sie, ausgerechnet dieses wenig repräsentative Kleid angezogen zu haben. Beide gleichermaßen befangen in der Gegenwart des anderen, machen die Schauspielerin und Seine Hoheit einen Spaziergang in den Gärten des Palastes.

Nachdem sie ein paar Worte gewechselt haben, geben sie sich die Hand und verabschieden sich höflich voneinander. Schon jetzt ist Rainier hingerissen von ihr. Später wird er sagen, dass er von „ihrer Frische, ihrer Reife, ihrer Sensibilität und ihrer Kultiviertheit" bezaubert war. Er kann keinerlei Oberflächlichkeit an ihr entdecken, und das gefällt ihm. Grace bemerkt lediglich im Freundeskreis: „Er ist sehr charmant!"

Zur Stunde der Preisverleihung ist Grace bereits wieder abgereist ... nach Paris. Sie verlebt glückliche Tage mit Jean-Pierre Aumont. Auf seinem Anwesen La Malmaison genießt sie in Gesellschaft der Nichten und Neffen des Schauspielers ruhige und erholsame Stunden. Aber schon ruft Hollywood wieder nach ihr: Sie muss zurück, die Dreharbeiten des Films *Der Schwan* beginnen.

Einige Zeit später vertraut Rainier sich schließlich seinem Hauskaplan, Pater Tucker, an. Die blonde Schauspielerin geht ihm nicht mehr aus dem Kopf. Der Geistliche, ein Amerikaner, der diese Verbindung unbedingt besiegeln möchte, wird alles tun, um den Fürsten und seine Muse zusammenzubringen. Er schreibt an Grace und teilt ihr mit, wie „tief beeindruckt" der Fürst von ihr gewesen sei. Sie antwortet ihm, sie hoffe, ihm begegnen zu dürfen, wenn sie das nächste Mal nach Monaco komme ...

Zufrieden über diese Antwort und ohne Zögern organisiert Pater Tucker für Fürst Rainier eine Reise in die Vereinigten Staaten. Er selbst wird ihn begleiten.

An Bord eines Überseedampfers überqueren die beiden Monegassen den Atlantik und kommen wenige Tage vor Weihnachten 1955 in New York an. Grace dreht zu dieser Zeit gerade in Hollywood. Rainier und Pater Tucker reisen nach Philadelphia zu Freunden des Geistlichen, den Austins. Und, welch glücklicher Zufall, die Austins wiederum sind eingeladen bei – den Kellys! So findet sich Rainier beim Abendessen an der Seite von Grace wieder, die nach Kalifornien gekommen ist, um die Weihnachtsfeiertage mit ihrer Familie zu verbringen.

Rainier III., der sofort vom Kelly-Clan akzeptiert wird, weist in den Augen der Familie gleich mehrere Pluspunkte auf: Er ist ein begeisterter Sportler, ein überzeugter Katholik, ein leidenschaftlicher Verfechter der Werte der Familie, und er ist ein Fürst, der von seinem Volk geliebt wird. Er hält sich mehrere Tage lang als Gast auf dem Anwesen der Kellys auf und fährt anschließend nach New York, um Silvester mit Grace zu verbringen. Hier, nur eine Woche nach ihrem Wiedersehen, am Neujahrsabend, bittet er sie, seine Frau zu werden.

Zurück in Philadelphia, verkündet Grace ihren Eltern die Neuigkeit. Wie üblich haben die Kellys Vorbehalte ... Doch Pater Tucker kann sie beruhigen; er gibt ihnen sein Wort, dass Fürst Rainier einen hervorragenden Ehemann für ihre Tochter abgeben wird. Einige Tage später, am 5. Januar 1956, feiern Grace und Rainier ihre Verlobung bei einem Essen im Kreise der Familie in Philadelphia.

Als die Bevölkerung von Monaco die Neuigkeit erfährt, ist der Jubel grenzenlos. Das erste offizielle Foto des Paares wird tags darauf im Hotel *Waldorf Astoria* in New York aufgenommen. Die zukünftige Fürstin trägt mit Bedacht keine hohen Absätze, um nicht größer als ihr Verlobter zu erscheinen. Sie schickt ein Telegramm an Jean-Pierre Aumont, um ihm ihre Verlobung mitzuteilen. Der französische Schauspieler, der bei Dreharbeiten in Hollywood weilt, freut sich über das Glück der „Philadelphia Princess", wie man sie von nun an nennen wird. Wie ein Lauffeuer verbreitet sich die Nachricht im ganzen Land. Von der Ostküste der Vereinigten Staaten bis zum Süden von Arizona spricht man von nichts anderem: Wird der Star, wird Grace Kelly ihre Karriere als Schauspielerin aufgeben?

Ab Mitte Januar dreht Grace Kelly ihren letzten Film. An der Seite von Bing Crosby und Frank Sinatra ist sie in *Die oberen Zehntausend* zum ersten Mal als Sängerin auf der Leinwand zu sehen. Sie hat sich zuvor nur eines ausbedungen: dass sie im Film ihren Verlobungsring tragen darf. Im März erscheint sie bei der Oscar-Verleihung, und am Tag darauf kehrt sie Hollywood für immer den Rücken. Ohne dass es ihr bewusst ist, hat Grace Kelly einen Schlussstrich unter ihr bisheriges Leben gezogen und damit für alle Zeit Abschied vom Filmgeschäft genommen.

Wie ein modernes Märchen klingt, was die Boulevardzeitungen in der ganzen Welt von den Vorbereitungen und den Hintergründen des Ereignisses berichten, das sich bereits als „Hochzeit des Jahrhunderts" ankündigt.

Am 4. April 1956 besteigt Grace Kelly den Ozeandampfer *Constitution* in Richtung Monaco. Während der einwöchigen Überfahrt genießt sie die letzten Tage als „gewöhnliche" junge Frau. Hin- und hergerissen zwischen der

Vorfreude auf ihr zukünftiges luxuriöses Leben und dem Schmerz darüber, alles hinter sich lassen zu müssen, was sie geliebt und sich aufgebaut hat, ist die Braut sehr aufgeregt und nervös. Umgeben von ihren Eltern und Freunden, versucht sie sich vorzustellen, wie ihr Leben von nun an aussehen wird.

Das Schiff trifft am 12. April in Monaco ein und wird von einer riesigen Menschenmenge begrüßt. Fast fünftausend Monegassen sind gekommen, um ihre zukünftige Fürstin zu empfangen. Die Kirchenglocken läuten, Jubelrufe vermischen sich mit dem Tuten der Schiffssirenen. Rainier III., der sie mit seiner Yacht draußen vor der Küste abgeholt hat, bringt seine Verlobte an Land. Das Paar bahnt sich seinen Weg durch die Menge und macht sich zum Fürstenpalast auf, als ein sintflutartiger Regen einsetzt, der tagelang anhalten wird.

In einer Woche, fast auf die Stunde genau, wird Grace Patricia Kelly die Frau mit den meisten Adelstiteln in Europa sein. Während sie auf die Zeremonie wartet, verbringt die junge Frau eine wahrhafte „Diplomaten-Woche". Bei den zahlreichen Empfängen und Cocktailpartys, den Abendgesellschaften und Bällen hat sie keine einzige Minute Zeit, um den Augenblick zu genießen. Nach und nach weicht ihr hübsches Lächeln, und an seine Stelle tritt eine ernste, ja geradezu traurige Miene. Je näher der Tag ihrer Hochzeit rückt, desto mehr scheint ihr bewusst zu werden, wie ihr zukünftiges Leben aussehen wird.

Sie und ihre Eltern sind im Fürstenpalast untergebracht und sehen Rainier nur bei den offiziellen Zeremonien. Aus Gründen der Schicklichkeit wohnt er in seiner Villa in Cap Ferrat. Erschöpft von der Reise und dem anstrengenden Zeitplan, nimmt Grace innerhalb weniger Tage fünf Kilo ab. Während die ganze Welt dem großen Ereignis entgegenfiebert, wirkt die zukünftige Fürstin verlorener als je zuvor ...

Die Hochzeit des Jahrhunderts

Am Dienstag, dem 18. April 1956, findet die standesamtliche Trauung statt. Innerhalb einer Viertelstunde geben sich der Fürst und seine Gattin das Jawort und tragen sich im Thronsaal des Palastes ins Heiratsregister ein. Nach der unerlässlichen Begrüßung auf dem Balkon des Palastes lädt das frisch vermählte Paar die vier Millionen Bürger Monacos zu einer riesigen Gartenparty ein. Um keinen Preis möchte sich auch nur ein Monegasse dieses Ereignis entgehen lassen.

Am Mittwoch, dem 19. April 1956, ist dann der große Tag. Der Ablauf, auf die Minute geregelt, erfordert eine geradezu olympische Leistung. Die minutiöse Planung duldet nicht den geringsten Fehler noch die leiseste Verzögerung. Um elf Uhr morgens findet unter dem wohlwollenden Blick von dreißig Millionen Fernsehzuschauern weltweit in der Kathedrale von Monaco die kirchliche Trauung statt. In einem Kleid aus Seidentüll und Spitze, entworfen von Helen Rose (Kostümbildnerin beim Film), tritt Grace, die zukünftige Fürstin von Monaco, vor den Traualtar. Unter den geladenen Gästen sind Ava Gardner, Marcel Pagnol, François Mitterrand und Jean Cocteau. Alfred Hitchcock hat nicht kommen können, um seine Lieblingsschauspielerin in ihrer letzten Rolle zu bewundern. Draußen warten fast zehntausend Menschen darauf, ihre große Freude kundzutun. Angesichts der Tragweite des Ereignisses haben SNCF (Staatliche Eisenbahn) und Air France einen Shuttleservice zwischen Paris und Monaco eingerichtet. Im Fürstentum, wie in den meisten anderen Teilen der Welt, scheint die Zeit stillzustehen.

Unter dem Beifall der Menge tritt das Fürstenpaar aus der Kathedrale. Die Jubelrufe übertönen beinahe die Kirchenglocken. Nach einem Festmahl mit den sechshundert geladenen Gästen verabschieden sich Fürstin Gracia Patricia – so lautet von nun an ihr offizieller Name – und Fürst Rainier III. aus Monaco. Am späten Nachmittag begeben sie sich zum Hafen, um an Bord der Yacht *Deo Juvante II* zu gehen. Die Hochzeitsreise von Formentor (Ibiza) nach Valencia über Palma, Jerez und die Bahamas dauert fast zwei Monate.

Auf der Rückreise wird die junge Frau angesichts der Vorstellung, nun ihre Rolle als Landesmutter antreten zu müssen, von Angst ergriffen. Ihr Mann versucht sie zu beruhigen, so gut er kann, und macht sie mit der Geschichte des Fürstentums vertraut. Bei ihrer Ankunft stürzt sie sich mit Leib und Seele in die Aufgabe, die sie sich gestellt hat: eine untadelige Fürstin zu werden. Trotz täglichen Französischunterrichts hat sie beträchtliche Schwierigkeiten mit der Sprache. Diese für sie unbekannte Welt, die Verpflichtungen, die ihr Rang ihr auferlegen, die große Entfernung von ihrer Familie und das Heimweh lassen ihr hübsches Gesicht bald ein wenig melancholisch wirken. Nach und nach verliert sie ihre Identität und wird von Selbstzweifeln geplagt. Sie fühlt sich von den Medien, den Honoratioren und den Einwohnern beobachtet und kritisiert; sie weiß, dass der geringste Fehler im Protokoll sofort auf sie zurückfallen wird. Zudem wartet das Volk ungeduldig auf einen Erben, der nicht sogleich kommen will. Man beäugt sie argwöhnisch, man verurteilt sie. Die Monegassen, bekannt für ihr misstrauisches Naturell, stehen ihrer Vergangenheit als Kinostar noch immer kritisch gegenüber. Dazu wird sie einmal sagen, dass „der Beruf des Schauspielers in Monaco nicht so anerkannt ist wie in den Vereinigten Staaten".

Aber für die junge Frau ist die erste Schlacht noch nicht geschlagen. Sie nimmt noch mehr Aktivitäten in Angriff, um die Gerüchte zum Schweigen zu bringen, und beschließt, den Palast neu einzurichten. Die Räume und die verschiedenen Schlossflügel, die seit Jahrzehnten nicht verändert worden sind, benötigen eine Auffrischung. Sie lässt die Wände neu streichen und stellt ihre eigenen Möbel und persönlichen Gegenstände auf. Nach und nach nimmt die Fürstin ihr neues Leben in die Hand.

Vor allem Mutter

Nachdem sie den Prunksaal und mehrere andere Empfangssäle umgestaltet hat, wählt sie sich im Turm ein Arbeitszimmer. Schon jetzt hat sie das Bedürfnis, sich vom übrigen Palast etwas abzusondern. Sobald die Innenräume fertiggestellt sind, legt die Fürstin einen Garten an, der abwechslungsreich und exotisch werden soll. Sie überwacht die Arbeiten sehr aufmerksam – keine Blume, kein Baum wird ohne ihre Zustimmung gepflanzt. Die schönen Sommertage rücken näher, und sie erlebt zum ersten Mal die Mittelmeerhitze. Da sie eigentlich gemäßigtere Temperaturen vorzieht, leidet sie umso mehr unter der Hitze, als sich ein glückliches Ereignis ankündigt: Gracia Patricia erwartet ihr erstes Kind. Außer sich vor Freude, hoffen die Monegassen inständig darauf, dass es ein Junge wird. Neben dem Schlafzimmer der Eltern wird ein Kinderzimmer eingerichtet, und die werdende Mutter läuft von einem Geschäft zum anderen, um Babysachen zu kaufen.

Im fünften Monat schwanger, reist sie im September 1956 mit Rainier nach Philadelphia. Nachdem sie ihren Eltern einen Besuch abgestattet und ein paar Tage Urlaub gemacht hat – in diese Zeit fällt auch ein Zusammentreffen mit dem amerikanischen Präsidenten Eisenhower –, kehrt Grace mit ihrem Mann nach Monaco zurück. Im Palast weiht sie ihren ersten Weihnachtsbaum ein.

Die Entbindung steht kurz bevor. Ein Raum mit der erforderlichen medizinischen Ausrüstung wird eingerichtet, und mehrere Ärzte und Krankenschwestern stehen Gewehr bei Fuß. Tausende von Journalisten sind auf den „Grimaldi-Felsen" geschickt worden, um über das Ereignis zu berichten. Am 23. Januar 1957, um 9.27 Uhr, wird Prinzessin Caroline Louise Marguerite geboren. Mit achtundzwanzig Jahren hat Grace Kelly alias Gracia Patricia ihr erstes Kind auf die Welt gebracht. Sie wird es stillen, wie später auch ihre beiden anderen Kinder. Die Fürstin weicht dem Baby keinen Augenblick von der Seite, versorgt es ganz allein und bereitet auch die Mahlzeiten des Kindes selbst zu.

Kaum hat sich Gracia Patricia von ihrer Schwangerschaft erholt, ist sie wieder schwanger. Diesmal hält das Volk den Atem an ... Wenn es doch nur ein Junge wird! Sollte dies der Fall sein, wird er der Thronerbe sein. Am 14. März 1958, um 10.30 Uhr, stößt Albert Alexandre Louis Pierre seinen ersten Schrei aus. Das Fürstenpaar und die Monegassen sind überglücklich: Der Thronfolger ist da!

Wenige Wochen nach Alberts Geburt wird Gracia Patricia erneut von trüben Stimmungen heimgesucht. Um sich abzulenken, unternimmt sie weitere Umbauarbeiten im Palast. Sie richtet einen privaten Filmvorführraum und einen Spielsalon ein; außerdem lässt sie ein Schwimmbad bauen. Und sie renoviert von Grund auf ein altes Bauwerk, das ihr Mann ihr gekauft hat. Das Anwesen Roc Angel, von dem sie anfangs nichts wissen wollte, wird zu ihrem Refugium, ihrer Oase des Friedens. Sorgfältig beaufsichtigt sie den Umbau des unweit von Monaco in 700 Meter Höhe gelegenen Gebäudekomplexes. Von einem riesigen Außengelände umgeben, wird es zum „Haus des Glücks".

Jedes Wochenende fährt die Familie zu ihrem „Bauernhof" mit Kühen, Ponys, Pferden, Papageien, Hamstern, Hirschen, Hühnern und anderen zwei- und vierbeinigen Bewohnern, die dort ebenfalls zuhauf untergebracht sind. In einem riesigen schattigen Raum widmet sich die Fürstin ihrer neuen Leidenschaft: Blumen. Zuerst lässt sie sie trocknen, dann fertigt sie daraus Collagen, später ganze Bilder.

Rainier seinerseits kümmert sich um die Tiere, betätigt sich in seiner Kunstschmiedewerkstatt und stellt seine eigene Butter her, wie er stolz erzählt. Die Familie verlebt glückliche Tage, fern von Presserummel und Paparazzi.

Caroline, Albert und Stéphanie

Gracia Patricia, die nun mit Eifer bemüht ist, ihrer Mutterrolle gerecht zu werden, so wie sie es zuvor als Schauspielerin und dann als Fürstin tat, gibt ihre Wertvorstellungen an ihre Kinder weiter. Caroline und Albert besitzen sehr unterschiedliche Temperamente. Prinzessin Caroline, heiter, lebhaft, rege, ja ungestüm, kokett und bereits sehr unabhängig, verlangt ständig nach Aufmerksamkeit. Zurückhaltender und schüchtern ist Albert, den seine Mutter zärtlich Albie nennt; er ist ein sanftes, anschmiegsames und besonnenes Kind. Und als müsse der gesunde Ausgleich innerhalb des Familienclans gewährleistet werden, ist Rainier ganz verrückt nach seiner Tochter, während Gracia Patricia ihren Sohn abgöttisch liebt. Der Fürst lässt seinem kleinen Liebling alles durchgehen, wohingegen die Mutter das Mädchen ständig ermahnt. Sie versucht, Caroline Disziplin beizubringen, was diese kategorisch ablehnt. Albert, der ein engeres Verhältnis zu seiner Mutter hat, bringt ihr grenzenlose Bewunderung entgegen. Ihre Beziehung hat etwas „Ausschließliches". Trotz seiner Schüchternheit ist er ein sehr aufgewecktes und heiteres Kind. Ermuntert von ihrer Mutter, treiben Caroline und Albert bereits in jungen Jahren Sport, getreu der Devise ihrer Großmutter mütterlicherseits: „Wer sportliche Disziplin übt, macht weniger Dummheiten."

In Gracia Patricias eigener Erziehung haben Werte wie Ordnung und sportliche Leistungen eine große Rolle gespielt. Daher erzieht die Fürstin ihre Kinder in diesem Geist. Als Kind spielt Albert Tennis, rudert, lernt Judo, schwimmt, treibt Leichtathletik und spielt Fußball. Caroline reitet und fährt Ski, zudem schwimmt sie. Gracia Patricia, die eine Leidenschaft fürs Tanzen hat, lässt ihre beiden Sprösslinge im Palast darin unterrichten. Verwöhnt und mit jedweden Möglichkeiten zur Entfaltung ausgestattet, besitzen Caroline und Albert alles, wovon ein Kind nur träumen kann. Sogar ein richtiges Karussell wurde für sie auf dem Palastgelände aufgestellt.

Mit den Jahren bilden sich die Persönlichkeiten der Kinder stärker heraus. Einbezogen in das offizielle Leben ihrer Eltern, lernen sie schnell, in der Öffentlichkeit aufzutreten. Wie alle Mütter oder Väter bringt Gracia Patricia ihre Kinder zur Schule, nimmt jeden Mittag mit ihnen das Essen ein und lässt sie allmorgendlich zusammen mit ihr auswählen, welche Kleidung sie an diesem Tag tragen wird!

Im Sommer 1964 gibt die Fürstin von Monaco ihre dritte Schwangerschaft bekannt. Stéphanie Marie Élisabeth kommt am 1. Februar 1965 zur Welt. Der Nachzüglerin des Clans bleibt das Medieninteresse weitgehend erspart. Ihre Eltern werden alles tun, um ihr Leben vor der Öffentlichkeit abzuschirmen. Stéphanie, ebenfalls schüchtern, findet Beistand und Schutz bei ihrem großen Bruder Albert, den sie sehr liebt. Stundenlang spielen die beiden zusammen.

Als Heranwachsende strebt sie vor allem danach, ein junges Mädchen wie alle anderen zu sein. Man verleiht ihr den Spitznamen „Prinzessin in Jeans und Turnschuhen". Wie zuvor schon ihre Schwester und ihr Bruder lernt sie tanzen und treibt Sport. Gracia Patricia, die einst selbst dazu erzogen wurde, eine „Lady" zu werden, will ihren Töchtern dementsprechende Fertigkeiten beibringen. Während ihr Bruder dazu ausersehen ist, einmal die Nachfolge seines Vaters anzutreten, lernen Caroline und Stéphanie nähen und kochen.

Caroline, von den Geschwistern bei weitem die Aufsässigste, ist davon alles andere als begeistert. Schon früh hat sie Auseinandersetzungen mit ihrer Mutter. Gracia Patricia schickt sie auf eine katholische Schule, und mit vierzehn Jahren kommt sie auf die Klosterschule Saint Mary d'Ascot in England. Zwei Jahre lang erhält sie dort unter der wohlwollenden Aufsicht von Schwester Brigitte eine strenge Erziehung. Fürst Rainier, betrübt über die Trennung, ruft seine Tochter regelmäßig an.

Nachdem Caroline ihr letztes Schuljahr bei den Dames de Saint-Maur in Paris absolviert hat, besteht sie ihr Abitur (sprachlicher Zweig) mit Auszeichnung.

Gracia Patricia und ihre beiden Töchter leben nun in ihrer Wohnung in der Avenue Foch und kehren nur am Wochenende nach Monaco zurück. Caroline, die erst siebzehn ist, beginnt ein wenig Freiheit zu schnuppern. Als Studentin an der renommierten Eliteschule „Sciences Po" (Institut d'Études Politiques de Paris) genießt sie das Ausgehen mit Freunden und den Besuch von Diskotheken. Da sie sichtlich entschlossen ist, ihr Leben nach ihren eigenen Vorstellungen zu führen, wird bald die Boulevardpresse auf sie aufmerksam. Ernsthaft und unabhängig zugleich und bestrebt, ein normales Leben zu führen – dabei aber ihre Privilegien als Prinzessin nicht zu verlieren –, sucht die junge Frau ihre eigene Identität. Hinreißend und extravagant, wie sie ist, zieht sie die Männer an. Gracia Patricia, die diese „Verwandlung" beobachtet, fühlt sich machtlos angesichts der Entschlossenheit ihrer Tochter.

1976 besteht Albert, der in Monaco geblieben ist, nun ebenfalls das Abitur und tritt der französischen Marine bei. Er leistet sieben Monate Militärdienst an Bord der *Jeanne d'Arc* ab. Nach seiner Entlassung besucht er die Universität Amherst in Massachusetts (USA). Seine Mutter leidet sehr unter der Trennung.

Mit achtzehn Jahren erliegt Caroline dem Charme von Philippe Junot, einem notorischen Frauenhelden. Er ist siebzehn Jahre älter als sie und nimmt sie zu sämtlichen großen Abendgesellschaften in Paris mit. Seit dem Frühjahr 1976 erscheinen ihre Fotos in allen Illustrierten. Gracia Patricia und Rainier, die diese Liaison aufs Schärfste missbilligen, tun alles, um ihre Tochter zur Vernunft zu bringen. Vergeblich. Sie heiratet Philippe Junot am 29. Juni 1978. Doch Caroline, die sich nach einem normalen Eheleben mit Familie sehnt, erkennt bald, dass sie und ihren Mann Welten trennen. Zur allgemeinen Erleichterung wird im Oktober 1980 die Scheidung ausgesprochen. Gracia Patricia, die entschlossen ist, diese Ehe für alle Zeiten „auszulöschen", wird deswegen bis zum Vatikan gehen. Carolines jüngere Schwester Stéphanie hat mit ihren fünfzehn Jahren noch keine libertären Anwandlungen. Einige Monate später, im Sommer 1981, begibt sich der ganze Clan in die Vereinigten Staaten, um Alberts Diplomverleihung beizuwohnen.

Eine engagierte Frau

Neben der Erziehung ihrer Kinder widmet sich Fürstin Gracia Patricia zahlreichen Aktivitäten. Von ihrem Mann 1958 als Präsidentin der Rotkreuzgesellschaft von Monaco ernannt, setzt sie sich für zahlreiche Belange ein: für die Opfer von Naturkatastrophen im Ausland, alte Menschen in ihrer Region, Heime für junge Mädchen, Kinderkrippen, Kinderdörfer und Weihnachtsbescherungen für sozial Bedürftige – sie ist an allen Fronten tätig. Engagiert und voller Mitgefühl für menschliches Elend, sagt sie nie Nein, wenn sie um Hilfe gebeten wird.

1977 zeichnet die UNO sie für ihr Engagement gegen den Hunger in der Welt aus. Sie beantwortet persönlich die zahlreichen Briefe, die sie aus der ganzen Welt erhält. Sie organisiert alljährlich den Ball des Roten Kreuzes sowie den Rosenball, der in jedem Jahr einer anderen Wohltätigkeitsorganisation gewidmet ist.

Im Jahr 1965 gründet sie die Fürstin-Gracia-Stiftung, die sowohl aufstrebenden jungen Künstlern hilft als auch medizinische Forschungsprojekte unterstützt. Von allen Seiten tritt man an sie heran; unaufhörlich eröffnet sie Feierlichkeiten, Bälle und andere Veranstaltungen. Sie engagiert sich für UNICEF und würde es sich um nichts in der Welt nehmen lassen, sich persönlich um den Weihnachtsbaum und die Geschenkeverteilung im Palast zu kümmern. Sie überreicht zwei Grand-Prix-Preise und fördert die Académie de Danse Classique von Monaco.

Da sie eine wahre Leidenschaft für Blumen hat, ruft sie den Garden Club von Monaco ins Leben und leitet mit Eifer und Sachverstand internationale Blumenschauen. Bei der Bewältigung ihres Arbeitspensums helfen ihr mehrere Sekretärinnen. Fürstin Gracia Patricia führt ein äußerst geschäftiges Leben. Doch obwohl sie glücklich ist, fühlt sie sich innerlich nicht ausgefüllt. Sie kaschiert vor der Welt eine unerfüllte Sehnsucht nach ... ihrer Arbeit als Schauspielerin. Grace, die von klein auf ihre gesamte Energie aufgewendet hat, um Schauspielerin zu werden, vermisst die Filmstudios. Regelmäßig erhält sie Angebote von Regisseuren, doch sie lehnt alle ab – bis 1962.

In diesem Jahr bietet Alfred Hitchcock ihr die Hauptrolle in *Marnie* an. Grace ist überglücklich: Ihr Traum wird wahr ... Mit der Zustimmung ihres Mannes kündigt sie ihre Rückkehr zum Film an. Es ist geplant, dass das Fürstenpaar während der dreimonatigen Dreharbeiten seine Ferien in den Vereinigten Staaten verbringt. Doch Hitchcock ist noch mit der Verfilmung von *Die Vögel* beschäftigt und muss die Dreharbeiten verschieben. Für Grace ist das unerheblich, sie ist motivierter als je zuvor. Doch da geschieht das Unvorstellbare.

Die Nachricht von Gracia Patricias geplanter Mitwirkung an dem Film schlägt in Monaco ein wie eine Bombe. Darf eine Fürstin sich als Filmschauspielerin betätigen? Pater Tucker geht sogar so weit zu sagen: „Gracia Patricia wieder vor den Filmkameras? Das ist absurd. In Hollywood könnte man ihr keine bessere Rolle anbieten als die, die sie hier und jetzt spielt." Auch in der Bevölkerung von Monaco regt sich heftiger Widerstand gegen diesen Plan, selbst der Vatikan wird um Unterstützung angerufen ... Tief enttäuscht gibt die Fürstin dem Druck ihrer Umgebung nach und lehnt Alfred Hitchcocks Angebot ab.

Nach diesem Zwischenfall ist sie extrem deprimiert und schließt sich tagelang allein in ihren Gemächern ein. Als Alternative wirkt sie in den darauf folgenden Jahren in Dokumentarfilmen über ihr Leben oder das Fürstentum mit bzw. betätigt sich als Kommentatorin. Sie sucht vermehrt den Kontakt mit den Künstlern der „siebten Kunstart", der Filmkunst. 1967 reist sie nach Hollywood, um Cary Grant persönlich den Oscar zu überreichen. Sie versäumt keine Hommage an Alfred Hitchcock. Ihre Berufung in den Verwaltungsrat der Twentieth Century Fox im Jahr 1976 ermöglicht ihr, mehrmals im Jahr in die Vereinigten Staaten zu reisen.

Wie um es all jenen zu zeigen, die ihr die Ausübung ihres Berufs verbieten wollten, findet sie eine Möglichkeit, wieder auf der Bühne zu stehen. Im Namen des WWF (World Wild Fund for Nature) unternimmt sie eine Tournee durch Amerika, bei der sie Prosa und Gedichte liest.

Die letzten Jahre

1979, mit fünfzig Jahren, ist Gracia Patricia von Monaco noch immer attraktiv, doch ihr innerer Elan nimmt ab. Nachdem sie jahrelang ihrem Ehemann, ihren Kindern und dem Fürstentum aufopfernd gedient hat, leidet sie unter der Einsamkeit. Ihre Kinder, die inzwischen alle erwachsen sind, führen ihr eigenes Leben. Allein in ihrem luxuriösen Palast, hat die Fürstin keinen rechten Antrieb mehr. Geschwächt durch zahlreiche Erkältungen und wiederholte Bronchialerkrankungen, fühlt sie sich erschöpft. Als überzeugte Katholikin wendet sie sich der Religion zu.

Der Unfall

Am Montag, dem 14. September 1982, macht sie sich mit ihrer jüngeren Tochter Stéphanie auf den Rückweg von Roc Angel. Sie setzt sich hinter das Steuer ihres Rover 3500. Da sie die Straße sehr gut kennt, weiß sie um die Gefahren der kurvenreichen Strecke, die über dem Abgrund entlangführt.

In einer dieser Kurven verliert sie die Kontrolle über ihren Wagen, der mehr als vierzig Meter tief den Hang hinabstürzt. Nachdem er sich mehrmals überschlagen hat, wird er von Betonpfeilern gestoppt und schlägt im Garten eines Anwohners auf. Die Fürstin und ihre Tochter sind noch am Leben, als das Auto in Brand gerät. Mit einem Feuerlöscher erstickt der herbeigeeilte Unfallzeuge die Flammen und versucht beide aus dem Autowrack zu bergen. Bei Stéphanie gelingt ihm das, bei Gracia Patricia, die hinter dem Steuer eingeklemmt ist, jedoch nicht.

Lange Minuten vergehen, ehe Hilfe eintrifft. Die schwer verletzte Fürstin wird ins Krankenhaus von Monaco gebracht, das ihren Namen trägt – ihr Zustand wird als sehr ernst bezeichnet. In einem leichten Koma liegend wird sie schließlich in eine Spezialklinik überführt, die mit der neuesten Diagnosetechnik ausgerüstet ist.

Doch hier kann nur eine Verschlimmerung ihres Zustands festgestellt werden. Um 22.30 Uhr wird die Fürstin für klinisch tot erklärt. Wenige Tage später, am Samstag, dem 18. September, findet die Beisetzung statt. In der schwarz ausgekleideten Kathedrale von Monaco haben sich die Familie der Fürstin und Trauergäste aus aller Welt versammelt. Fürst Rainier, vor Kummer am Boden zerstört, wird von Caroline und Albert gestützt. Stéphanie, die noch im Krankenhaus liegt, weiß nicht, dass ihre Mutter tot ist. Zu den den vierhundert Prominenten, die anwesend sind, zählen Lady Di, Nancy Reagan, Danielle Mitterrand, Mrs. Frank Sinatra, Cary Grant und Jackie Stewart. Am Nachmittag um 17 Uhr wohnt die Familie der Beisetzung in der Apsis der Kathedrale bei.

Ein neues Kapitel in der Geschichte Monacos beginnt. Die Fürstin hinterlässt drei Kinder, einen Gemahl und ein Volk in Trauer. Das Märchen, das die Welt bezaubert hat, endet mit einem Drama ...

„Märchen erzählen erfundene Geschichten. Ich dagegen bin echt. Ich existiere. Wenn man eines Tages mein tatsächliches Leben als Frau erzählte, dann würde man den Menschen entdecken, der ich wirklich bin."

Fürstin Gracia Patricia von Monaco

Wappen von Grace Kelly, nach ihrer Heirat mit Fürst Rainier III. auf allen ihren persönlichen Gegenständen.

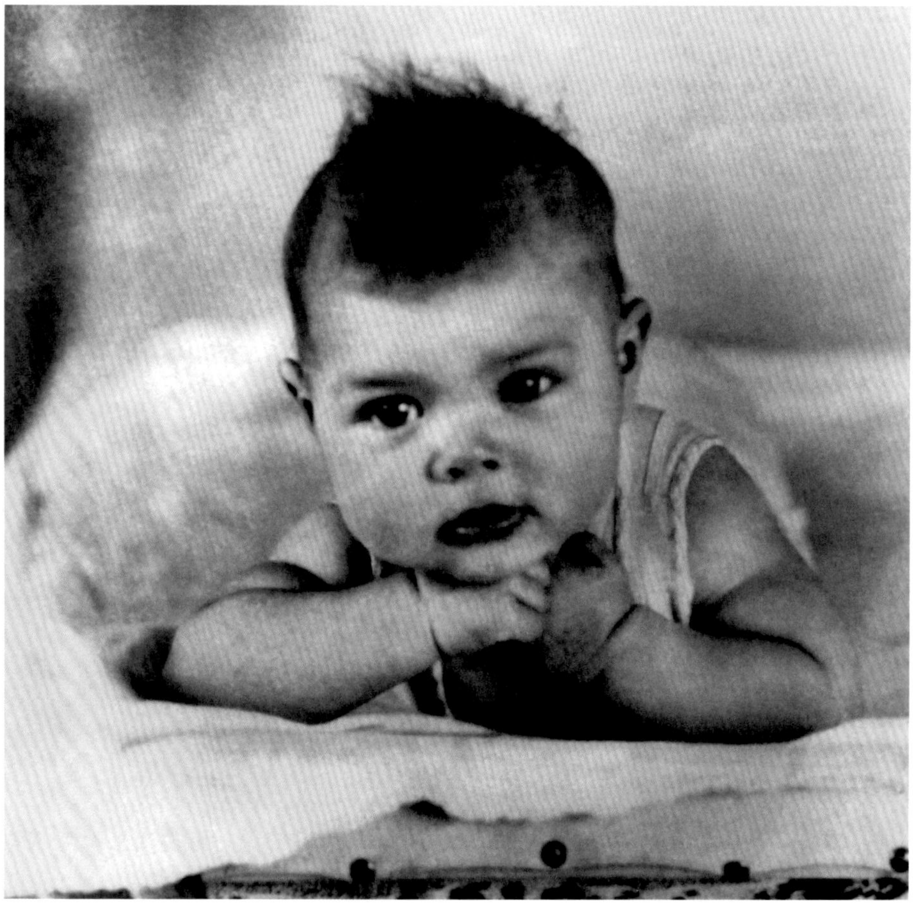

15. Mai 1930 Philadelphia, PA:
Grace Kelly mit sechs Monaten.

1930 Philadelphia, PA:
Grace Kelly mit drei Monaten.

Mai 1931 Philadelphia, PA: Grace Kelly mit eineinhalb Jahren.

1931 Philadelphia, PA: Grace Kelly mit zwei Jahren, zwischen ihrem Bruder John Jack und ihrer Schwester Peggy.

1937 Ocean City, NJ: Grace und ihre Schwester Margaret Peggy Kelly spielen am Strand.

1937 Ocean City, NJ: Die Familie Kelly in den Ferien am Meer. Von links nach rechts: John, Margaret, Peggy, John jr., Grace und Elizabeth Kelly.

1938 Philadelphia, PA: Grace Kelly mit neun Jahren, zusammen mit ihrer Schwester Lizanne.

1935 Philadelphia, PA: Familienporträt. Vorn (von links nach rechts): Jack Kelly jr., acht Jahre, John B. Kelly, Lizanne Kelly, zwei Jahre, und Margaret Kelly. Hinter ihnen: Grace (links), fünf Jahre, und ihre Schwester Margaret, zehn Jahre.

11. November 1936 New York, NY: Senator John B. Kelly und seine Familie an Bord der *S. S. Normandie*, auf der Reise zu einem Kurzurlaub in Europa. Von links nach rechts: Grace, Margaret (genannt Peggy), Mrs. und Mr. Kelly, John jr. und vorn Elizabeth, die Jüngste.

15. Juli 1947 Henley, England: John B. Kelly jr. mit seinen Schwestern Elizabeth und Grace vor dem Beginn der königlichen Henley-Regatta, die er gewinnen wird.

1954 Ocean City, NJ: Grace Kelly verbringt ihre Sommerferien bei ihrer Familie.

1954 Ocean City, NJ: Grace Kelly vor dem Ferienhaus der Familie.

1948 Hollywood, CA: Im Oktober 1947 wird Grace in die renommierte American Academy of Dramatic Arts in New York aufgenommen. Da sie finanziell unabhängig sein möchte, arbeitet sie neben dem Unterricht als Fotomodell für Haarshampoo, Schönheitscremes und verschiedene Zigarettenmarken.

1948 Grace Kelly unterstützt eine Spendenaktion zugunsten der Teilnahme amerikanischer Sportler an den nächsten Olympischen Spielen.

back the
U. S. OLYMPIC DAY
DRIVE
Send donations to
U. S. OLYMPIC TEAM FUND
540 No. Michigan Blvd., Chicago 11, Illinois
USA

NAME: Grace Kelly

STIMME: nicht ausgebildet

TEMPERAMENT: sensibel

AUFTRETEN: jugendlich

DRAMATISCHE BEGABUNG: ausdrucksvoll

INTELLIGENZ: gut

ALLGEMEINE MERKMALE: freundlich, vielversprechend und lebhaft

1947 Kommentare der Professoren an der American Academy of Dramatic Arts nach Grace Kellys Vorsprechen. Sie besteht die Aufnahmeprüfung und besucht ab Oktober 1947 die renommierte Schule.

1954 Porträtaufnahme von Grace Kelly mit 24 Jahren.

Vorhergehende Seiten: 9. Juni 1949 Hollywood, CA: Die Stars bei MGM, wo auch Grace Kelly unter Vertrag ist (von links nach rechts). Erste Reihe: Lionel Barrymore, June Allyson, Leon Ames, Fred Astaire, Edward Arnold, Lassie, Mary Astor, Ethel Barrymore, Spring Byington, James Craig, Arlene Dahl. Zweite Reihe: Gloria DeHaven, Tom Drake, Jimmy Durante, Vera-Ellen, Errol Flynn, Clark Gable, Ava Gardner, Judy Garland, Betty Garrett, Edmund Gwenn, Kathryn Grayson, Van Heflin. Dritte Reihe: Katharine Hepburn, John Hodiak, Claude Jarman jr., Van Johnson, Jennifer Jones, Louis Jourdan, Howard Keel, Gene Kelly, Christopher Kent (Alf Kjellin), Angela Lansbury, Mario Lanza, Janet Leigh. Vierte Reihe: Peter Lawford, Jeanette MacDonald, Ann Miller, Ricardo Montalban, Jules Munshin, George Murphy, Reginald Owen, Walter Pidgeon, Jane Powell, Ginger Rogers, Frank Sinatra, Red Skelton. Fünfte Reihe: Alexis Smith, Ann Sothern, J. Carroll Naish, Dean Stockwell, Lewis Stone, Clinton Sundberg, Robert Taylor, Audrey Totter, Spencer Tracy, Esther Williams, Keenan Wynn.

1954 Los Angeles, CA: Esther Williams und Grace Kelly vor ihrer Garderobe.

1950 Lizanne Kelly hält ihrer Schwester Grace beim Schminken den Spiegel.

17. November 1952 Nairobi, Kenia: Grace Kelly und Clark Gable bei den Dreharbeiten zu *Mogambo*, Regie: John Ford.

1953 Nairobi, Kenia: Grace Kelly und Ava Gardner in *Mogambo*.

1955 Cannes, Frankreich: Grace Kelly und Cary Grant in *Über den Dächern von Nizza*, Regie: Alfred Hitchcock.

„Ich war in Hollywood nie glücklich. Es ist eine Scheinwelt, in der Geld die Hauptrolle spielt.“

Grace Kelly

27. Mai 1954
Hollywood, CA:
Grace Kelly bei sich zu Hause, nach einem Bad im Swimmingpool.

1956 Hollywood, CA: Grace Kelly und Frank Sinatra bei den Dreharbeiten zu *Die oberen Zehntausend*, Regie: Charles Walters.

1955 New York, NY: Grace Kelly bei einem Fotoshooting mit dem Fotografen Philippe Halsman.

1956 Hollywood, CA:
Grace Kelly bei den Dreharbeiten
zu *Die oberen Zehntausend*,
Regie: Charles Walters.

1955 New York, NY: Grace Kelly im Hotel *Waldorf Astoria* bei einer Abendgesellschaft zur Feier ihrer Verlobung mit Fürst Rainier.

1956 Hollywood, CA: Grace Kelly bei den Dreharbeiten zu *Die oberen Zehntausend*, Regie: Charles Walters.

„Sie war nie auf Distanz zwischen sich und den anderen bedacht. Und doch verstummte alles, sobald sie den Raum betrat.“

Cary Grant

1956 Hollywood, CA:
Grace Kelly bei den Dreharbeiten
zu *Die oberen Zehntausend*,
Regie: Charles Walters.

2. Dezember 1977 Monaco: Fürstin Gracia Patricia bei einem Wohltätigkeitsball.

3. Juli 1955 Philadelphia, PA: Bei einer Wohltätigkeitsveranstaltung lässt Grace Kelly sich Zuckerwatte schmecken.

1956 Hollywood, CA: Grace Kelly bei den Dreharbeiten zu *Die oberen Zehntausend*, Regie: Charles Walters.

1954 New York, NY: Porträtaufnahme für die Zeitschrift *Life*.

29. Dezember 1954
New York, NY:
Grace Kelly ist bei der der jährlichen Umfrage eines amerikanischen Modeinstituts soeben zu einer der elegantesten Frauen der Welt gekürt worden.

1954 Grace Kelly und Raymond Burr in *Das Fenster zum Hof*, Regie: Alfred Hitchcock.

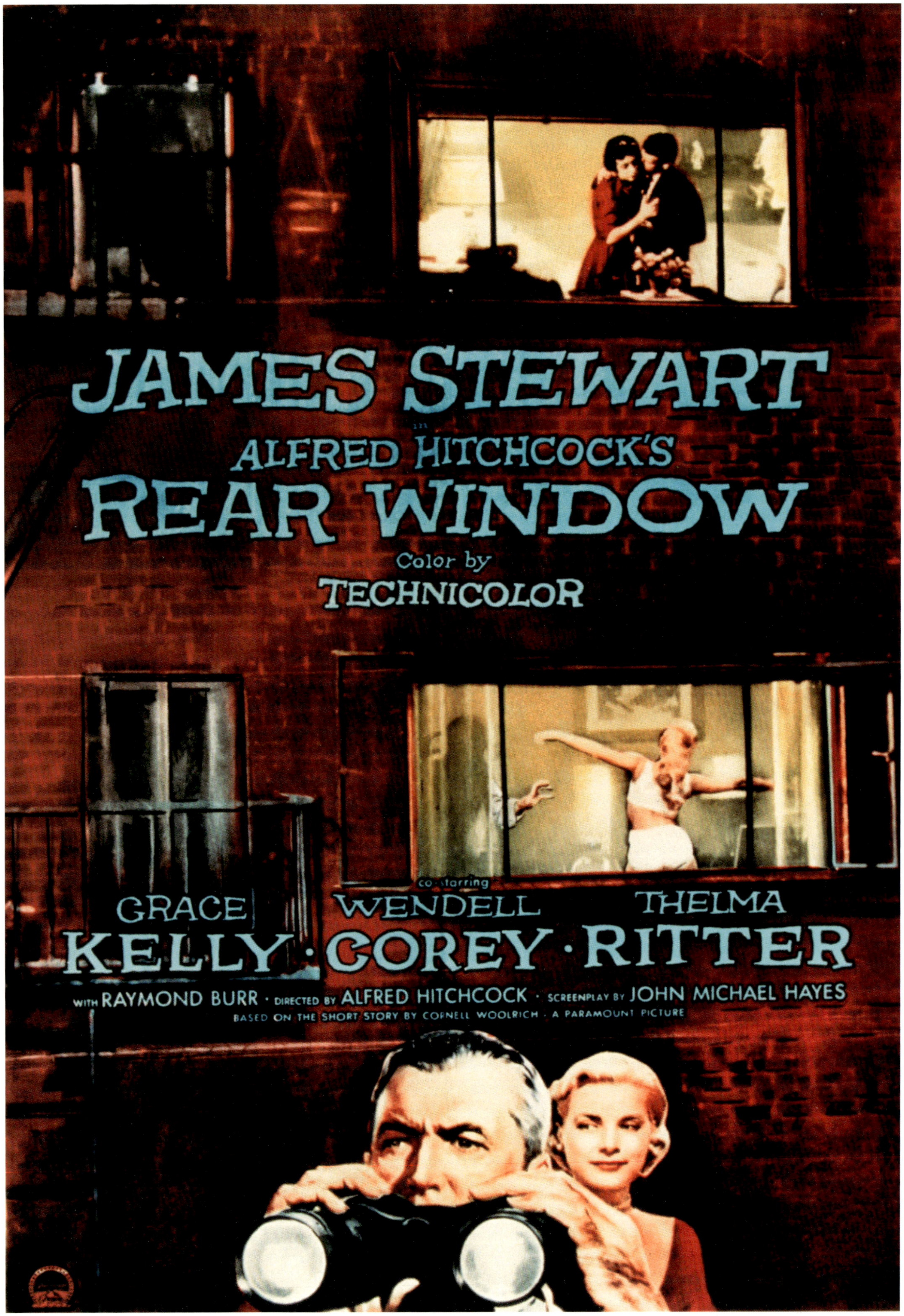

1954 Filmplakat für *Das Fenster zum Hof*, der zweite Film, den Grace Kelly nach *Bei Anruf Mord* unter der Regie von Alfred Hitchcock dreht.

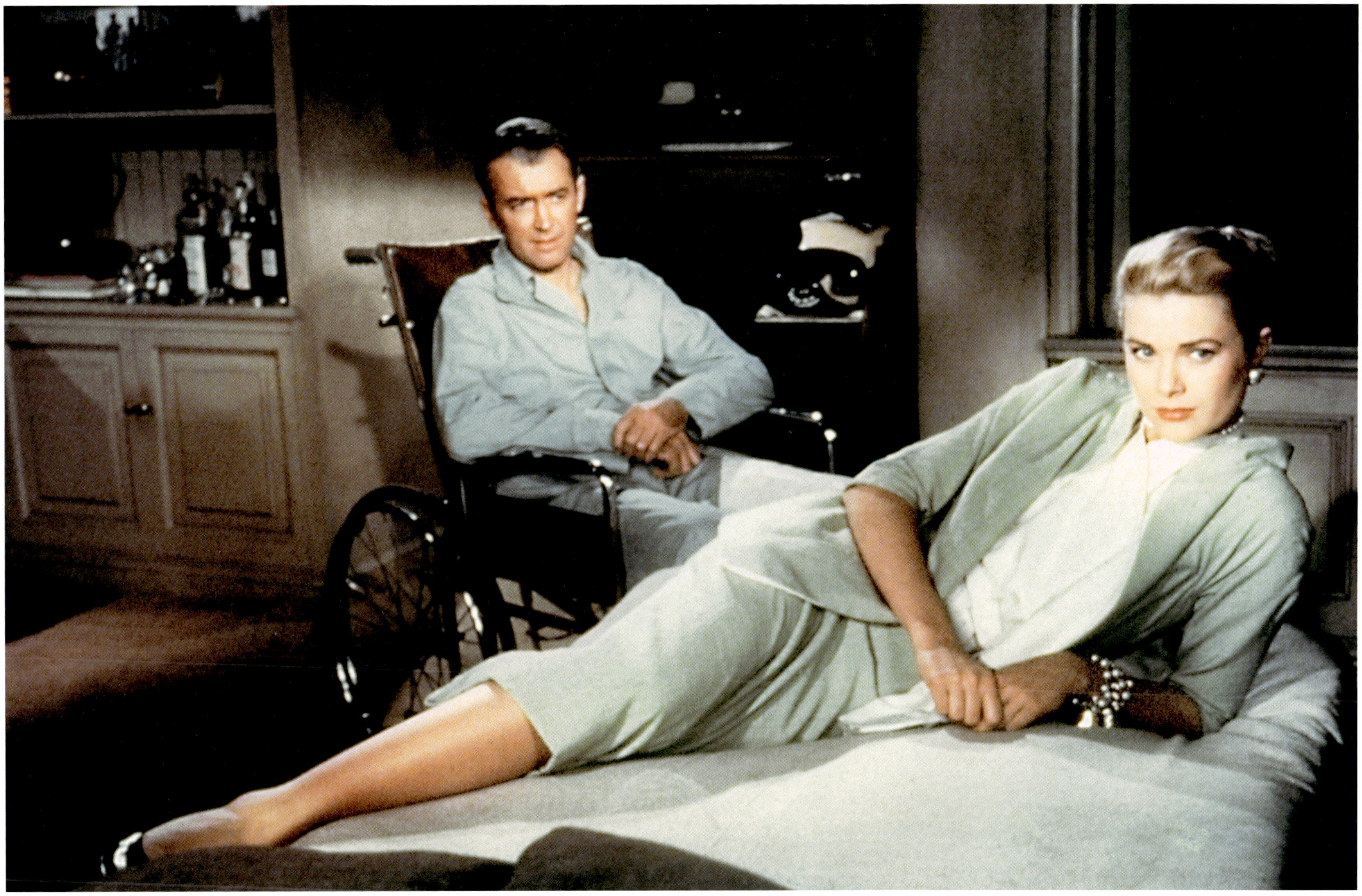

1954 James Stewart und Grace Kelly in *Das Fenster zum Hof*, Regie: Alfred Hitchcock. Im darauf folgenden Jahr werden die Schauspielerin und der Regisseur ihren dritten und letzten gemeinsamen Film *Über den Dächern von Nizza* drehen. Auch danach bleiben sie in engem Kontakt.

1955 Grace Kelly und Cary Grant in *Über den Dächern von Nizza*, Regie: Alfred Hitchcock.

1955 Cannes, Frankreich: Grace Kelly und Cary Grant in *Über den Dächern von Nizza*.

1954 Los Angeles, CA: Alfred Hitchcock, Grace Kelly und der Modeschöpfer Oleg Cassini bei der Filmpremiere von *Bei Anruf Mord*.

1954 In den Studios La Victorine. Regisseur Alfred Hitchcock und Grace Kelly bei den Dreharbeiten zu *Über den Dächern von Nizza*.

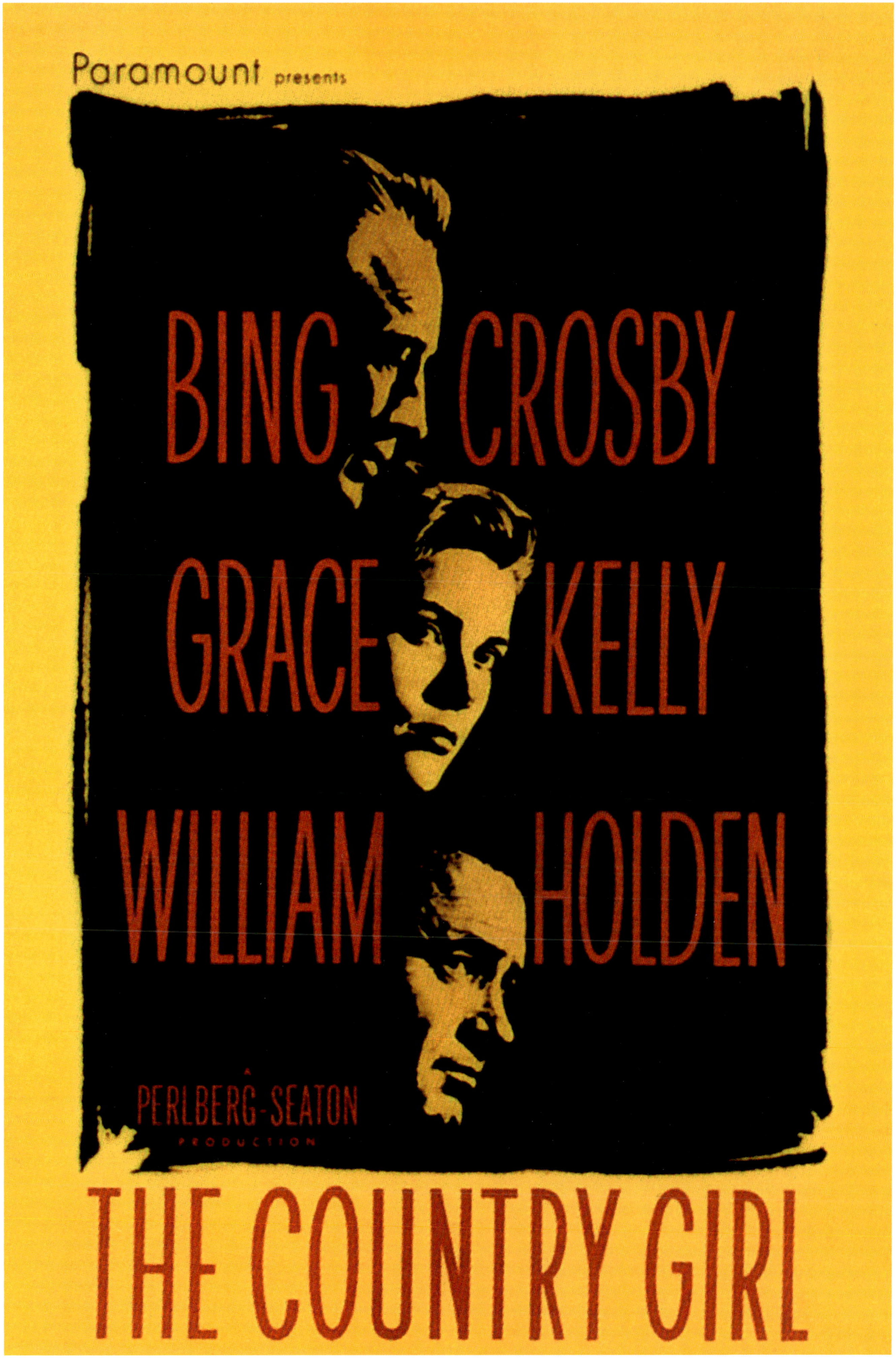

1955 Hollywood, CA: Porträt von Grace Kelly, aufgenommen bei den Dreharbeiten zu *Ein Mädchen vom Lande*. Sie ist fünfundzwanzig Jahre alt.

1955 Hollywood, CA: Filmplakat für *Ein Mädchen vom Lande*, Regie: George Seaton, mit Bing Crosby, Grace Kelly und William Holden. Grace wird für ihre Darbietung in dem Film, der von der Paramount produziert wird, den Oscar als Beste Hauptdarstellerin erhalten.

„Ich habe sehr schnell Erfolg gehabt. Vielleicht zu schnell, um seine Bedeutung ermessen zu können."

Grace Kelly

Vorhergehende Seiten: 1956 Hollywood, CA: Grace Kelly und Lydia Reed in *Die oberen Zehntausend*, Regie: Charles Walters.

1955 Hollywood, CA:
Porträt von Grace Kelly mit fünfundzwanzig Jahren.

25. März 1955 Grace Kelly auf der Bühne mit Bob Hope, nachdem sie soeben den Oscar als Beste Hauptdarstellerin für ihre Rolle in *Ein Mädchen vom Lande* erhalten hat.

30. März 1955 Los Angeles, CA: Grace Kelly und Marlon Brando bei der Oscar-Verleihung: Marlon Brando hat den Oscar als Bester Hauptdarsteller für *Die Faust im Nacken* (Regie: Elia Kazan) erhalten, Grace Kelly für *Ein Mädchen vom Lande* (Regie: George Seaton).

„Wir haben beide unseren eigenen Kampf ausgefochten. Das brachte uns einander näher."

Grace Kelly

Vorhergehende Seiten: 1956 Hollywood, CA: Fechtduell zwischen Grace Kelly und Louis Jourdan in *Der Schwan*, Regie: Charles Vidor.

6. Mai 1955 Monaco: Am Rande des Filmfestivals von Cannes, zwischen einer Pressekonferenz und einem Galadiner, erklärt sich Grace Kelly anlässlich der Vorstellung ihres Films *Ein Mädchen vom Lande* zu einer Fotoreportage im Fürstenpalast bereit. Gaston Bonheur, Chefredakteur von *Paris Match*, hat diese allererste Begegnung zwischen dem Filmstar und Fürst Rainier arrangiert.

6. Mai 1955 Monaco: In dem kleinen Zoo, den der Fürst unterhalb des Grimaldi-Felsens hat anlegen lassen, zeigt er Grace Kelly die Raubtiere, besonders seine neueste Erwerbung: einen bengalischen Tiger. Grace verrät hinterher, sie sei beeindruckt gewesen, mit welcher Selbstverständlichkeit Rainier die Tiere eigenhändig gefüttert und sie durch die Gitterstäbe hindurch gestreichelt habe.

6. Mai 1955 Monaco: Fürst Rainier zeigt Grace Kelly auf einem Rundgang den Ausblick von den Befestigungsmauern des Palastes.

1956 Hollywood, CA:
Grace Kelly in einer Filmszene
von *Der Schwan*, in dem sie neben
Alec Guinness und Louis Jourdan
die weibliche Hauptrolle spielt.

25. März 1956 New York, NY: Grace Kelly beim Ausritt im Central Park.

„Ich war immer der Meinung, dass ein Mann, der eine berühmte Frau heiratet, damit seine Identität verliert. Ich wollte aber keinen zukünftigen Mr. Kelly."

Grace Kelly

Vorhergehende Seiten: 1956 Hollywood, CA: Grace Kelly bei den Dreharbeiten zu dem Film *Die oberen Zehntausend*, in dem sie an der Seite von Louis Armstrong, Bing Crosby und Frank Sinatra spielt und singt.

1956 Hollywood, CA: Grace Kelly bei den Dreharbeiten zu *Die oberen Zehntausend*, Regie: Charles Walters.

6. Januar 1956 Philadelphia, PA: Fürst Rainier hat die Weihnachts- und Neujahrsfeiertage in Philadelphia verbracht, um die Familie von Grace kennenzulernen und um ihre Hand anzuhalten. Hier sieht man ihn mit Margaret und John Kelly, den Eltern von Grace, am Tag der offiziellen Bekanntgabe der Verlobung in der Presse.

7. Januar 1956 Philadelphia, PA: Die Familie Kelly und der junge Fürst Rainier, kurz nach der Bekanntgabe der bevorstehenden Hochzeit. In der ersten Reihe: Fürst Rainier, Grace, Margaret und John B. Kelly, Grace' Eltern, und Mrs. Margaret Davis. Dahinter stehend (von links nach rechts): Mrs. John B. Kelly jr., Donald C. Levine, Schwager von Grace, John B. Kelly jr., George I. Davis, zweiter Schwager von Grace, und Mrs. Elisabeth Ann Levine, Schwester von Grace.

Vorhergehende Seiten: 1955 New York, NY: Grace Kelly im Hotel *Waldorf Astoria* bei einer Abendgesellschaft zur Feier ihrer Verlobung mit Fürst Rainier.

April 1956 Auf der Reise nach Monaco: Grace Kelly mit ihren Eltern und Freunden an Bord des Ozeandampfers *Constitution*, der sie von New York in ihre neue Heimat bringt.

12. April 1956 Azoren: Auf der Fahrt nach Monaco anlässlich der bevorstehenden Hochzeit mit Fürst Rainier. Grace Kelly blickt aufs Meer, während der Ozeandampfer *Constitution* an den Azoren vorbeifährt.

19. April 1956 Monaco: Die Paparazzi liegen auf der Lauer, um die besten Bilder von der Hochzeit Grace Kellys mit Fürst Rainier zu schießen. 1800 Journalisten und Fotografen sind zur Berichterstattung ins Fürstentum gereist.

12. April 1956 Monaco: Sieben Tage vor der Hochzeit. Grace Kelly erreicht das monegassische Ufer an Bord von Fürst Rainiers Yacht *Deo Juvante II*. Sie wird von einer jubelnden Menschenmenge, dreihundert Fotografen und einem Regen aus Nelken begrüßt, die von Aristoteles Onassis' Wasserflugzeug aus abgeworfen werden.

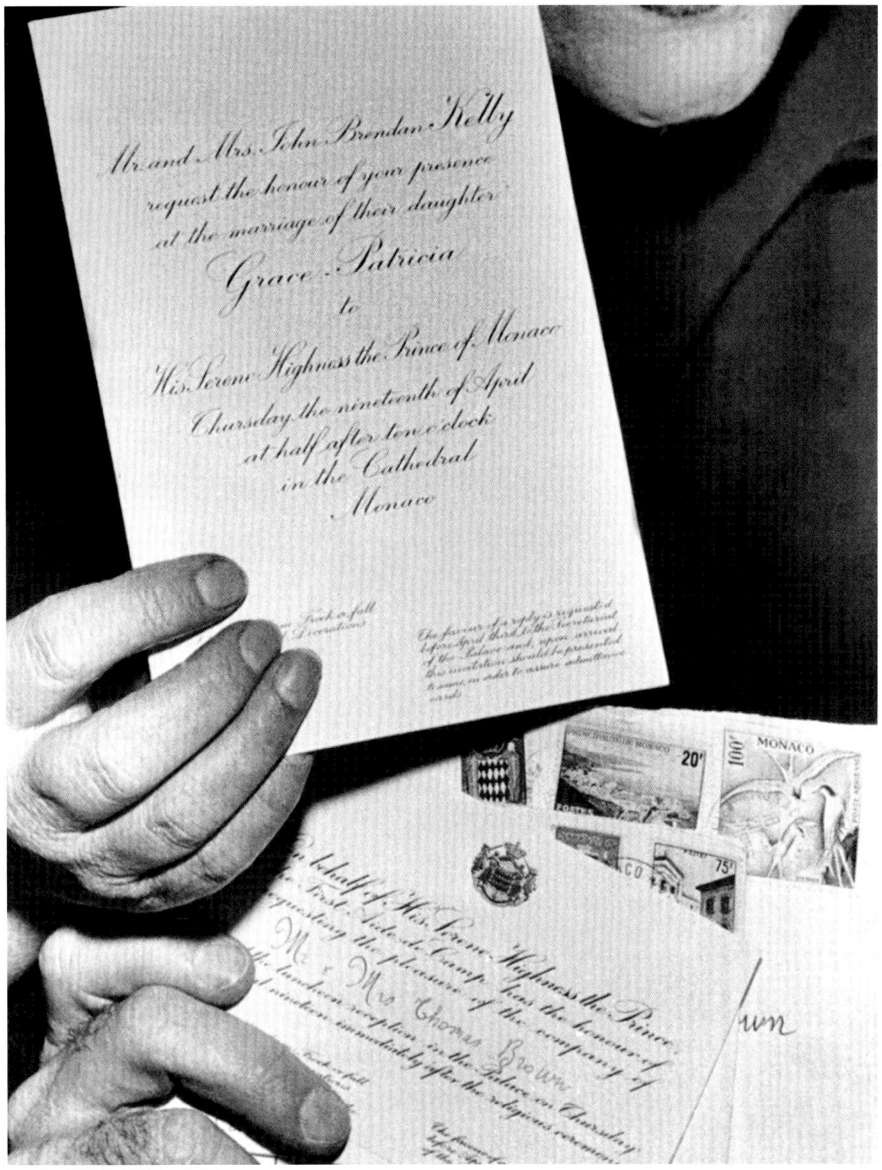

28. März 1956 Einladungskarten für die fürstliche Hochzeit.

27. Februar 1956 Monaco: Anlässlich der Hochzeit von Fürst Rainier und Grace erscheint diese Briefmarke des Fürstentums im Wert von 1 Franc.

19. April 1956 Monaco: Die Hochzeitszeremonie des Fürstenpaares.

„Am liebsten hätte Grace sich heimlich in einer einfachen, kleinen Bergkapelle trauen lassen. Diese wenig realistische Idee fand ich wirklich bezaubernd."

Seine Durchlaucht Fürst Rainier III.

19. April 1956 Monaco: Grace Kelly heiratet Seine Durchlaucht Fürst Rainier III.

19. April 1956 Monaco:
Grace Kelly heiratet Seine Durchlaucht
Fürst Rainier III.

19. April 1956 Monaco: Nach der Trauung fahren die Neuvermählten eine Runde durch die Stadt, bevor sie in den Palast zurückkehren.

MILITIS

Vorhergehende Seiten: 19. April 1956 Monaco: Das Fürstenpaar begrüßt seine Untertanen nach der Hochzeitszeremonie. Im Anschluss findet ein riesiges Gartenfest im Palast statt, zu dem alle Monegassen eingeladen worden sind.

1956 Monaco: Von der Freitreppe aus begrüßt das frisch vermählte Fürstenpaar seine Gäste.

1963 Monaco, Fürstenpalast: Porträt der Fürstin Gracia Patricia von Monaco. Sie ist dreiunddreißig Jahre alt.

29. März 1956 Monaco: Blick auf den Fürstenpalast während der Hochzeitsfeierlichkeiten von Grace Kelly und Fürst Rainier III. von Monaco.

1963 Monaco, Fürstenpalast: Porträt von Fürstin Gracia Patricia von Monaco.

Vorhergehende Seiten: 1962 Monaco: Porträt der Fürstin Gracia Patricia von Monaco, mit zweiunddreißig Jahren.

19. April 1956 Monaco: Das Fürstenpaar auf dem Weg zu seiner Hochzeitsreise an Bord der *Deo Juvante II*. Die Yacht hatte der Fürst auf Anraten des Reeders Aristoteles Onassis gekauft.

12. April 1956 Monaco: Grace Kelly geht von Bord der Yacht *Deo Juvante II*, nachdem Fürst Rainier sie auf der *Constitution abgeholt hat,* mit der sie aus New York gekommen ist. Unter Kanonensalven fährt das Paar anschließend durch Monaco, von einer begeisterten Menge umjubelt.

„Bisher hat Grace sich mit der Leichtigkeit einer Trapezkünstlerin bewegt. Allerdings frage ich mich, ob es ihr da, wo sie gelandet ist, nicht zu eng ist.“

Alfred Hitchcock

12. April 1956 Monaco: Rainier begrüßt seine zukünftige Gemahlin auf seiner Yacht, mit der er sie von der *Constitution* nach der Überfahrt von New York abgeholt hat. Fast 50 000 Menschen werden sie einige Stunden später im Hafen von Monaco willkommen heißen.

April 1958 Monaco: Von der Palastterrasse aus stellen Fürstin Gracia Patricia und Fürst Rainier, der die kleine Caroline auf dem Arm trägt, ihren Untertanen den wenige Wochen alten Thronfolger Albert vor.

19. März 1958 Monaco: Fürstin Gracia Patricia präsentiert ihren fünf Tage alten Sohn Albert Alexandre Louis Pierre. Zu den vierhundert Titeln, die Albert seit seiner Geburt trägt, hat Rainier den Titel „Marquis de Baux“ hinzugefügt.

1959 Monaco: Fürstin Gracia Patricia und ihre ersten beiden Kinder.

1959 Monaco: Fürstin Gracia Patricia und ihr Sohn Albert, der ein Jahr alt ist.

1954 Ajaccio, Frankreich: Grace Kelly mit ihrer Schwester Peggy und ihrem Hund Oliver.

22. Juli 1967 Montreal, Kanada: Fürstin Gracia Patricia von Monaco, die nach einer Fehlgeburt gerade aus dem Krankenhaus entlassen wurde, tapfer lächelnd während einer Kanadareise anlässlich der Expo 1967.

1959 Monaco: Fürst Rainier und Fürstin Gracia Patricia verbringen mit ihren Kindern Caroline und Albert einen Tag am Meer.

„Fürstin Gracia ist in gewisser Weise meine Ministerin für Jugend, Freizeit, Gesundheit und Solidarität.“

Seine Durchlaucht Fürst Rainier III.

12. Juni 1957 Vor der Küste von Monaco: Fürstin Gracia Patricia beobachtet von der *USS Forrestal* aus Luftoperationen während eines Manövers im Mittelmeer.

23. März 1961 Monaco: Fürstin Gracia Patricia liest ihren Kindern Caroline und Albert etwas vor.

Oktober 1962 Paris: Fürstin Gracia Patricia während der Ferien mit ihren Kindern Caroline und Albert (links auf der Schaukel) in einer Grünanlage.

Februar 1962 Gstaad, Schweiz: Fürstin Gracia Patricia und ihre beiden Kinder beim Wintersport.

25. Februar 1960 Gstaad, Schweiz: Fürstin Gracia Patricia mit der dreijährigen Caroline auf dem Arm.

„Mein großes Problem war, ein ganz normaler Mensch zu werden, nachdem ich so lange Schauspielerin gewesen war. Normal war für mich damals jemand, der beim Film war."

Fürstin Gracia Patricia von Monaco

1960 Monaco: Fürstin Gracia Patricia während des Grand Prix von Monaco.

1962 Monaco: Fürstin Gracia Patricia stattet dem Bischof von Monaco einen Besuch ab.

8. Januar 1961 Lourdes, Frankreich: Fürstin Gracia Patricia auf einer Pilgerfahrt in Lourdes.

27. April 1965 Paris, Frankreich: Charles de Gaulle begrüßt das Fürstenpaar auf der Freitreppe des Élysée-Palastes.

24. Mai 1961 Washington, DC: Präsident John F. Kennedy empfängt das Fürstenpaar im Weißen Haus.

15. August 1963 Nizza, Frankreich: Nach der Vorstellung der *Grande Nuit d'août* mit dem Londoner Royal Ballet. Fürstin Gracia Patricia von Monaco gratuliert dem russischen Tänzer Rudolf Nurejew, neben ihr der englische Schauspieler David Niven.

18. Januar 1962 Monaco: Maria Callas mit Fürstin Gracia Patricia von Monaco beim zweiten Internationalen Fernsehfestival.

1963 Palma de Mallorca, Spanien: Das Fürstenpaar in Begleitung von Maria Callas.

„Das Aufhebens, das um mein beispielhaftes Image gemacht wird, ist mir manchmal ungemein lästig. Es ist ermüdend, ständig als Vorbild hingestellt zu werden!“

Fürstin Gracia Patricia von Monaco

Vorhergehende Seiten: 1963 Philadelphia, PA: Das Fürstenpaar bei einem Empfang.

Februar 1962 Gstaad, Schweiz: Porträt der Fürstin Gracia Patricia von Monaco mit zweiunddreißig Jahren, aufgenommen während eines Urlaubs in den Bergen.

1962 Monaco:
Von einer der Palastterrassen aus blickt Fürstin Gracia Patricia von Monaco über die Stadt.

Monaco: Karim Agha Khan zu Besuch bei dem Fürstenpaar.

„Es gibt nur eine einzige Zauberformel, um seine Kinder zu erziehen: ihnen viel Liebe zu geben."

Fürstin Gracia Patricia von Monaco

17. März 1967 Bucht von Montego, Jamaika: Die Fürstin entspannt sich am Swimmingpool mit ihrem Sohn Albert, neun Jahre alt.

26. September 1968 San Antonio, TX: Fürstin Gracia Patricia von Monaco und ihr Gemahl bei der Weltausstellung Hemis Fair.

17. Mai 1975 Monaco:
Fürst Rainier mit seinem Sohn
Albert, sieben Jahre alt.

„Ich bin für Disziplin. Wenn Sie Ihre Kinder nicht von Anfang an dazu anhalten, wird das Leben es mit einer Brutalität tun, zu der kein Vater und keine Mutter je fähig gewesen wären."

Fürstin Gracia Patricia von Monaco

1962 Monaco: Fürstin Gracia Patricia besucht ein Waisenhaus.

5. Februar 1965 Monaco: Gracia Patricia von Monaco mit ihrer Tochter Stéphanie, fünf Tage alt.

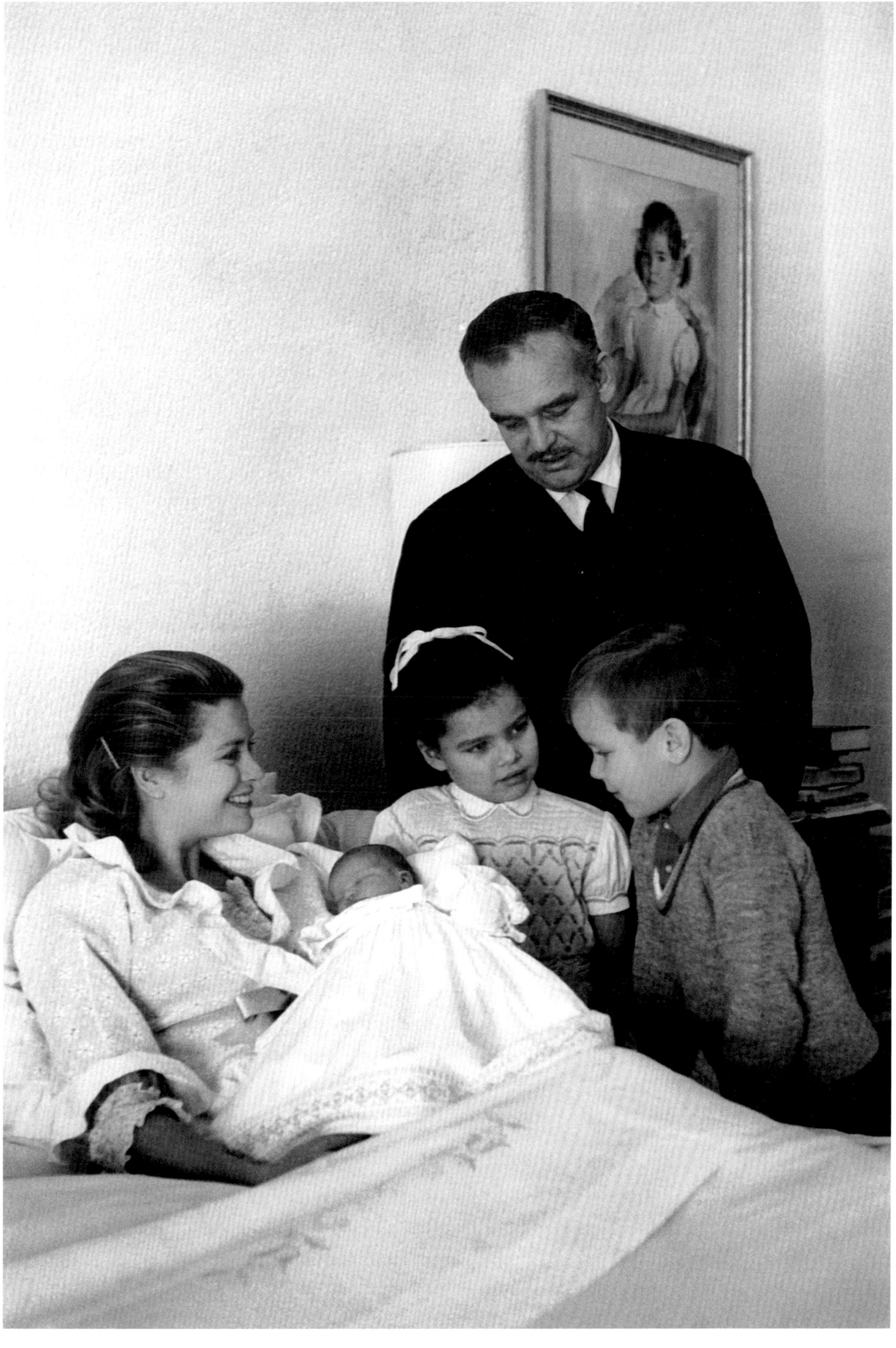

4. Februar 1965 Monaco: Prinz Albert und Prinzessin Caroline schließen Bekanntschaft mit ihrer neuen kleinen Schwester, Prinzessin Stéphanie, vier Tage alt.

3. Juni 1966 Fürst Rainier und Fürstin Gracia Patricia machen einige Tage Urlaub an Bord des Ozeandampfers *Renaissance*.

März 1966 Monaco: Fürst Rainier, Fürstin Gracia Patricia und ihr Sohn Albert auf einem Bootsausflug vor der Küste des Fürstentums.

19. April 1963 Sevilla, Spanien: Das Fürstenpaar bei einem Flamenco-Wettbewerb, die Fürstin in traditioneller andalusischer Tracht. Später am Abend werden sie sich noch mit John F. Kennedy und seiner Frau Jackie treffen.

„Gute Umgangsformen werden immer seltener. Die Etikette ist eine sehr wirkungsvolle Barriere gegen Aggressionen aller Art."

Fürstin Gracia Patricia von Monaco

Vorhergehende Seiten: 5. Mai 1956 Palma de Mallorca, Spanien: Als Fürstin Gracia Patricia und Fürst Rainier von Monaco auf ihrer Hochzeitsreise Zwischenstation in Spanien machen, besuchen sie einen Stierkampf. Der Matador Bernardo weiht der Fürstin seinen ersten Stier.

10. August 1968 Monaco: Fürstin Gracia Patricia bei der Gala des Roten Kreuzes.

5. Juli 1967 London, England: Das Fürstenpaar, auf dem Weg zu einem Besuch der Expo 67, trifft an der Victoria Station ein. Fürst Rainier hat seine zweieinhalbjährige Tochter Stéphanie auf dem Arm. Fürstin Gracia Patricia, die ihr viertes Kind erwartet, nutzt den Zwischenaufenthalt in London, um sich nach Kindermädchen umzuschauen. Drei Wochen später wird sie eine Fehlgeburt erleiden.

15. September 1966 Ocean City, NJ: Fürstin Gracia Patricia von Monaco verbringt zwei Wochen bei ihrer Familie, im Ferienhaus ihrer Eltern am Meer. Bei ihr sind ihre Kinder Caroline, neun Jahre, Albert, acht Jahre, und Stéphanie, eineinhalb Jahre alt.

20. November 1958 Monaco: Fürst Rainier und Fürstin Gracia Patricia nach einem Gottesdienst am Tag des Nationalfeiertags von Monaco.

21. November 1968 London, England: Fürstin Gracia Patricia und Fürst Rainier von Monaco mit ihren Kindern Caroline, Stéphanie und Albert bei einem Autorennen in London.

März 1966 Monaco: Fürst Rainier sieht seinen Kindern Caroline, Albert und Stéphanie beim Karussellfahren im Garten des Palastes zu.

März 1966 Monaco: Caroline nimmt ihre kleine Schwester Stéphanie auf eine Spritztour in ihrem Roadster mit.

22. November 1963 Monaco: Bei einem Besuch im Luna-Park versucht sich Fürstin Gracia Patricia im Gewehrschießen. Ihre Tochter Caroline schaut ihr dabei amüsiert zu, in der Hand einen Ball, den ihre Mutter ihr soeben geschenkt hat.

22. November 1963
Monaco: Fürstin Gracia Patricia vergnügt sich mit ihren Kindern im Luna-Park. Zu ihrer Rechten Prinzessin Caroline und Prinz Albert.

„Es gibt viele Arten, Kindern die Welt nahezubringen. Ihnen die Lust am Lesen zu vermitteln, scheint mir die beste zu sein.“

Fürstin Gracia Patricia von Monaco

1968 Monaco: Familienfoto im Garten des Palastes. Von links nach rechts: Caroline, Fürstin Gracia Patricia, Stéphanie, Albert und Fürst Rainier.

15. September 1967 Venedig, Italien: Gracia Patricia von Monaco besucht einen Maskenball im Palazzo Rezzonico. Die Gäste sind zu dieser Wohltätigkeitsveranstaltung mit der Gondel über den Canale Grande gekommen.

15. März 1969 New York, NY: Sophia Loren und Gracia Patricia von Monaco nehmen an einem Gala-Diner anlässlich der Einweihung der Hall of the Americas teil.

10. April 1977 Saint-Jean-Cap-Ferrat, Frankreich: Fürstin Gracia Patricia von Monaco sieht sich eine Modenschau der Frühjahr-Sommer-Kollektion von Nina Ricci in der Stiftung Ephrussi de Rothschild an.

1968 Monaco: Fürstin Gracia Patricia beim Einkaufsbummel im Fürstentum.

28. Juli 1972 Monaco: Caroline, fünfzehn Jahre alt, die vor kurzem aus ihrer Schule in England zurückgekehrt ist, trifft am Schwimmbecken des *Beach Club* ihre Mutter Gracia Patricia, die einem Schwimmwettbewerb zusieht.

26. August 1971 Monaco: Fürstin Gracia Patricia hält den Pokal ihrer Tochter Stéphanie in der Hand, die sich das Podest mit Albert und Caroline teilt. Alle drei haben im Team einen Schwimmwettbewerb gewonnen.

PRINCES

Vorhergehende Seiten: 30. März 1977 New York, NY: Im Hafen von New York. Gracia Patricia von Monaco tauft den neuen Ozeandampfer *Cunard Princess*, der zwischen New York und den Bermudas verkehren wird.

10. Juni 1971 Philadelphia, PA: Fürstin Gracia Patricia trifft auf dem Flughafen ihrer Heimatstadt Philadelphia ein, um ihre Eltern zu besuchen.

20. September 1971 Monaco: Fürstin Gracia Patricia begleitet ihre Tochter Stéphanie zum ersten Schultag; der zwölfjährige Albert geht aufs Gymnasium.

„Früher waren Sie die Königin der Leinwand. Jetzt sind Sie die schönste Prinzessin der Welt.“

John Fitzgerald Kennedy

29 avril 1974 New York, NY: Fürstin Gracia Patricia und ihr Bruder Jack nach einer Filmvorführung zum Gedenken an Alfred Hitchcock.

9. August 1974 Monaco: Der junge Prinz Albert nimmt an seinem ersten Rotkreuzball teil, in Begleitung von Fürstin Gracia Patricia, Fürst Rainier und seiner Schwester, Prinzessin Caroline.

1974 London, England: Am Flughafen Heathrow. Fürstin Gracia Patricia und ihre Töchter fliegen über die Osterferien in die Vereinigten Staaten. Gracia Patricia hat einen Umweg über London gemacht, um ihre ältere Tochter abzuholen, die dort zur Schule geht.

„Die Freiheit der Presse geht auf Kosten der Freiheit des Einzelnen."

Fürstin Gracia Patricia von Monacoo

2. August 1976
Philadelphia, PA:
Gracia Patricia von Monaco hält eine Ansprache beim Internationalen Eucharistischen Kongress.

1964 Fürstin Gracia Patricia sitzt einer Malerin Modell.

1964 Fürstin Gracia Patricia zwischen der Malerin und ihrem Gemälde.

„Ich möchte, dass man mich als eine Frau in Erinnerung behält, die sehr menschlich war und Verständnis für die Nöte anderer hatte.“

Fürstin Gracia Patricia von Monaco

Vorhergehende Seiten: 25. Februar 1978 Pittsburgh, PA: Zum ersten Mal nach sechsundzwanzig Jahren betritt Gracia Patricia von Monaco in den Vereinigten Staaten die Bühne. Bei einer Lesung trägt sie zusammen mit Richard Pasco Gedichte des Schriftstellers D. H. Lawrence vor.

1972 Porträt der Fürstin Gracia Patricia von Monaco, aufgenommen im Palast.

12. Dezember 1982 Paris, Frankreich: Fürst Rainier III., Prinzessin Caroline, Prinz Albert und Prinzessin Stéphanie.

1971 Teheran, Iran: Fürstin Gracia Patricia nimmt an den Festlichkeiten zum 2500-jährigen Bestehen des Persischen Reiches teil, die der Schah im Aryamehr-Stadion veranstaltet.

14. September 1982

Monaco – Der Tod der Fürstin Gracia Patricia

Vorhergehende Seiten: Oktober 1977 Paris, Frankreich: Gracia Patricia von Monaco auf dem Dach der Opéra Garnier, während der Dreharbeiten zu einem Dokumentarfilm über die legendäre Ballettschule von Kirow in Leningrad.

15. September 1982 Monaco: Nach der Bekanntgabe des Todes von Fürstin Gracia Patricia. Als Zeichen der Trauer trägt die Fürstengarde eine schwarze Armbinde.

PUBLIQUE
RABINIERS DU PRINCE

15. September 1982 Monaco: Gracia Patricia ist offiziell am 14. September 1982 um 22.15 Uhr verstorben. Am Tag darauf bringen über viertausend Tageszeitungen weltweit die traurige Nachricht auf der Titelseite.

17. September 1982 Monaco: Überall im Fürstentum wehen die Fahnen auf halbmast.

18. September 1982 Monaco: Beisetzung von Gracia Patricia von Monaco. Um 10.30 Uhr verlässt der Sarg, bedeckt mit einer weißen Flagge, auf der sich das Wappen der Grimaldis befindet, den Palast langsam in Richtung der Kathedrale. Er wird von zwölf Mitgliedern der Bruderschaft der *Pénitents Noirs* getragen. Hinter dem Sarg geht Fürst Rainier, an seiner Seite seine Tochter Caroline und sein Sohn Albert. Ihnen folgen die beiden Schwestern und der Bruder Gracia Patricias.

18. September 1982 Monaco: Seit acht Uhr am Morgen versammelt sich eine große Menschenmenge vor der Kathedrale, um der Fürstin die letzte Ehre zu erweisen.

18. September 1982 Monaco: Beisetzung von Gracia Patricia von Monaco. Der Sarg der Fürstin wird am Eingang abgesetzt, während daneben Mitglieder von Königshäusern, Gesandte ausländischer Regierungen und Filmstars die Kathedrale betreten.

18. September 1982 Monaco: Fürst Rainier, seine Tochter Caroline und sein Sohn Albert verlassen nach dem Trauergottesdienst die Kathedrale. Prinzessin Stéphanie, der es inzwischen besser geht, befindet sich nach dem Autounfall weiterhin unter ärztlicher Beobachtung im Krankenhaus.

18. September 1982 Monaco: Beisetzung der Fürstin Gracia Patricia von Monaco.

18. September 1982 Monaco: Nach der Beisetzung kehren Fürst Rainier und seine Kinder in den Palast zurück.

„Gracia Patricia brachte mit ihrer Schönheit und Eleganz einen Hauch von Zauber und Weiblichkeit in den Palast. Mit ihrem Namen verlieh sie Monaco weltweiten Glanz.“

Nadia Lacoste, Sekretärin von Fürstin Gracia Patricia von Monaco

1990 Monaco: Erbprinz Albert, zweiunddreißig Jahre alt, vor einem Porträt seiner Mutter im Fürstenpalast.

BIOGRAFIE

1929

12. November: Geburt von Grace Patricia Kelly als drittes von vier Kindern des Bauunternehmers und Millionärs John Brendon Kelly und der Sportlehrerin Margaret Mayer in Philadelphia, Pennsylvania

1935–1947

Besuch der *Ravenhill Academy of the Assumption* in Philadelphia und der *Stevens School* in Chestnut Hill, Pennsylvania

1941

Erster Schauspielunterricht bei den *Old Academy Players of East Falls* in Philadelphia

1947

High-School-Abschluss und Beginn des Studiums an der *American Academy of Dramatic Arts* in New York

Nebentätigkeit als Fotomodell und Auftritte in der Fernsehwerbung

1949

Abschluss des Studiums

Schauspieldebüt am Broadway in dem Stück *Der Vater* von August Strindberg

1951

Kinodebüt in *14 Stunden* (Regie: Henry Hathaway)

Fortsetzung der Schauspielausbildung bei Sanford Meisner in *The Neighborhood Playhouse School of the Theatre* in New York

Siebenjahresvertrag bei MGM

1952

Internationaler Durchbruch als Ehefrau von Gary Cooper in dem Western *Zwölf Uhr mittags* (Regie: Fred Zinnemann)

1953

Nominierung für den Oscar und den Golden Globe als Beste Nebendarstellerin in dem Abenteuerfilm *Mogambo* mit Clark Gable und Ava Gardner (Regie: John Ford)

1954

Oscar für die Darstellung der Frau eines Alkoholikers in *Ein Mädchen vom Lande* mit Bing Crosby (Regie: George Seaton)

Begegnung mit dem Modeschöpfer Oleg Cassini

1954–1955

Zusammenarbeit mit dem Regisseur Alfred Hitchcock: *Bei Anruf Mord* (mit Ray Milland), *Das Fenster zum Hof* (mit James Stewart) und *Über den Dächern von Nizza* (mit Cary Grant)

1955

Begegnung mit Fürst Rainier III. von Monaco während der Dreharbeiten zu *Über den Dächern von Nizza* im Rahmen der Filmfestspiele in Cannes

1956

5. Januar: Offizielle Verlobung mit Fürst Rainier III. von Monaco

Verleihung des Henrietta-Awards als Beliebteste Schauspielerin durch die Hollywood Foreign Press Association

Der Schwan mit Alec Guinness (Regie: Charles Vidor)

Die oberen Zehntausend mit Bing Crosby und Frank Sinatra (Regie: Charles Walters) als letzter großer Kinofilm

19. April: Hochzeit mit Fürst Rainier III. von Monaco in der St. Nicholas-Kathedrale von Monaco

1957

23. Januar: Geburt der Tochter Caroline Louise Marguerite

1958

14. März: Geburt des Sohnes Albert Alexandre Louis Pierre

1958–1982

Präsidentin der Rotkreuzgesellschaft von Monaco

Karitatives, kulturelles und künstlerisches Engagement in verschiedenen Bereichen

1959–1964

Drei Fehlgeburten

1963

Gründung der Kinderhilfs- und -schutzorganisation Association Mondiale des Amis de l'Enfance (AMADE)

1964

Gründung der Fürstin-Gracia-Stiftung, die angehende Künstler, aber auch Hilfsprojekte, zum Beispiel im medizinischen Bereich, unterstützt

1965

1. Februar: Geburt der Tochter Stéphanie Marie Élisabeth

1976

Mitglied im Aufsichtsrat von 20th Century Fox

1982

Beginn der Dreharbeiten zu dem Dokumentarfilm *Rearranged* über den Garden Club von Monaco (Regie: Robert Dornhelm): Gracia Patricia spielt sich selbst

13. September: Schlaganfall hinter dem Steuer des von ihr gelenkten Autos und 40-Meter-Sturz in die Tiefe; Gracia Patricia und Beifahrerin Prinzessin Stéphanie schwer verletzt

14. September: Gracia Patricia erliegt ihren Verletzungen

18. September: Beerdigung in der St. Nicholas-Kathedrale in Monaco

FILMOGRAFIE

Fernsehfilme

„*Actor's Studio*" (Serie, USA 1948–1950)
The Swan (1950)

„*Believe It or Not*" (Serie, USA 1949–50)
The Voice of Obsession (1950)

„*Big Town*" (Serie, USA 1950–1956)
The Pay-Off (1950)

„*The Web*" (Serie, USA 1950–1954)
Mirror of Delusion (1950)

„*Somerset Maugham TV Theatre*" (Serie, USA 1950–1951)
Episode (1950)

„*The Prudential Family Playhouse*" (Serie, USA 1950–1951)
Berkeley Square (1951)

„*Nash Airflyte Theatre*" (Serie, USA 1950–1951)
A Kiss for Mr. Lincoln (1951)

„*CBS Television Workshop*" (Serie, USA 1952)
Don Quixote (1952)

„*Danger*" (Serie, USA 1950–1955)
Prelude to Death (1952)

„*Lights Out*" (Serie, USA 1949–1952)
The Devil to Pay (1950)
The Borgia Lamp (1952)

„*Robert Montgomery Presents*" (Serie, USA 1950–1957)
Candles for Theresa (1952)

„*Suspense*" (Serie, USA 1949–1957)
Fifty Beautiful Girls (1952)

„*Goodyear Television Playhouse*" (Serie, USA 1951–1957)
Leaf Out of a Book (1952)

„*Armstrong Circle Theatre*" (Serie, USA 1950–1963)
Lover's Leap (1951)
City Editor (1952)
Recapture (1952)

„*Studio One*" (Serie, USA 1948–1958)
The Rockingham Tea Set (1950)
The Kill (1952)

„*Lux Video Theatre*" (Serie, USA 1950–1959)
Life, Liberty and Orrin Dudley (1952)
A Message for Janice (1952)
The Betrayer (1953)

„*The Philco Television Playhouse*" (Serie, USA 1948-1955)
Bethel Merriday (1950)
Ann Rutledge (1950)
Leaf out of a Book (1950)
Rich Boy (1952)
The Way of the Eagle (1953)

„*Kraft Television Theatre*" (Serie, USA 1947–1958)
Old Lady Robbins (1948)
The Cricket on the Hearth (1952)
The Small House (1952)
Boy of Mine (1953)
The Thankful Heart (1954)

„*Toast of the Town*" (Serie, USA 1948–1971)
Episode # 7.6 (1953)
Episode # 8.18 (1955)
Episode # 11.41 (1958)

Kinofilme

„*14 Stunden*" (Fourteen Hours, USA 1951)
Regie: Henry Hathaway; weitere Darsteller: Paul Douglas, Agnes Moorehead

„*12 Uhr mittags*" (High Noon, USA 1952)
Regie: Fred Zinnemann; weitere Darsteller: Gary Cooper, Thomas Mitchell, Lloyd Bridges

„*Mogambo*" (Mogambo, USA 1953)
Regie: John Ford; weitere Darsteller: Clark Gable, Ava Gardner

„*Bei Anruf Mord*" (Dial M for Murder, USA 1954)
Regie: Alfred Hitchcock; weitere Darsteller: Ray Milland, Robert Cummings

„*Das Fenster zum Hof*" (Rear Window, USA 1954)
Regie: Alfred Hitchcock; weitere Darsteller: James Stewart, Wendell Corey

„*Ein Mädchen vom Lande*" (The Country Girl, USA 1954)
Regie: George Seaton; weitere Darsteller: Bing Crosby, William Holden, Gene Reynolds

„*Grünes Feuer*" (Green Fire, USA 1954)
Regie: Andrew Marton; weitere Darsteller: Stewart Granger, Paul Douglas

„*Die Brücken von Toko-Ri*" (The Bridges at Toko-Ri, USA 1955)
Regie: Mark Robson; weitere Darsteller: William Holden, Fredric March, Mickey Rooney

„*Über den Dächern von Nizza*" (To Catch a Thief, USA 1955)
Regie: Alfred Hitchcock; weitere Darsteller: Cary Grant, Jessie Royce Landis

„*Der Schwan*" (The Swan, USA 1956)
Regie: Charles Vidor; weitere Darsteller: Alec Guinness, Louis Jourdan, Agnes Moorehead

„*Die oberen Zehntausend*" (High Society, USA 1956)
Regie: Charles Walters; weitere Darsteller: Bing Crosby, Frank Sinatra

Dokumentationen bzw. Kurzauftritte als Gracia Patricia

„*Screen Snapshots: Hollywood, City of Stars*" (USA 1956)

„*The Wedding in Monaco*" (USA / Frankreich / Monaco 1956)

„*Invitation to Monte Carlo*" (USA / England 1959)

„*Glück und Liebe in Monaco*" (Liechtenstein / Schweiz 1959)

„*A Look at Monaco*" (USA 1963)

„*Mohn ist auch eine Blume*" (Poppies Are Also Flowers, USA 1966)

„*Monte Carlo: C'est La Rose*" (USA 1968)

„*The 40th Annual Academy Awards*" (USA 1968)

„*Die Drehscheibe*" (Serie, BRD 1964–1982)
Sendung vom 22. Juni 1969

„*The Merv Griffin Show*" (Serie, USA 1962–1986)
Sendung vom 26. August 1976

„*The Children of Theatre Street*" (USA 1977; als Erzählerin)

„*Bing Crosby: His Life and Legend*" (USA 1978)

„*The American Film Institute Salute to James Stewart*" (USA 1980)

„*Omnibus*" (Serie, USA 1980)
Sendung vom 28. Dezember 1980

„*Night of 100 Stars*" (USA 1982)

„*Rearranged*" (USA 1982, unvollendet)

Abbildungsnachweis

Seite 19: © Principauté de Monaco
Seite 20: © Bettmann / Corbis
Seite 20: © FIA / Rue des Archives
Seite 21: © BCA / Rue des Archives
Seite 22: © BCA / Rue des Archives
Seite 22: © BCA / Rue des Archives
Seite 23: © Keystone
Seite 24: © Bettmann / Corbis
Seite 25: © BCA / Rue des Archives
Seite 26: © Bettmann / Corbis
Seite 27: © Bettmann / Corbis
Seite 28: © Bettmann / Corbis
Seite 29: © Rue des Archives
Seite 30: © Bettmann / Corbis
Seite 31: © Bettmann / Corbis
Seite 33: © Philippe Halsman / Magnum Photos
Seite 34: © John Springer Collection / Corbis
Seite 36: © John Springer Collection / Corbis
Seite 37: © Underwood & Underwood / Corbis
Seite 38: © Bettmann / Corbis
Seite 39: © Bettmann / Corbis
Seite 40: © Rue des Archives
Seite 41: © BCA / Rue des Archives
Seite 43: © BCA / Rue des Archives
Seite 44: © Dennis Stock / Magnum Photos
Seite 45: © Philippe Halsman / Magnum Photos
Seite 46: © Dennis Stock / Magnum Photos
Seite 47: © Philippe Halsman / Magnum Photos
Seite 48: © Elliott Erwitt / Magnum Photos
Seite 49: © Dennis Stock / Magnum Photos
Seite 51: © Philippe Halsman / Magnum Photos
Seite 52: © Bettmann / Corbis
Seite 53: © Bettmann / Corbis
Seite 54: © Dennis Stock / Magnum Photos
Seite 55: © Philippe Halsman / Magnum Photos
Seite 56: © Bettmann / Corbis
Seite 57: © BCA / Rue des Archives
Seite 58: © Snap Photo / Rue des Archives
Seite 59: © BCA / Rue des Archives
Seite 60: © BCA / Rue des Archives
Seite 61: © Jerry Ohlinger / Corbis Sygma
Seite 62: © FIA / Rue des Archives
Seite 63: © BCA / Rue des Archives
Seite 64: © Bettmann / Corbis
Seite 65: © Snap Photo / Rue des Archives
Seite 66: © Rue des Archives
Seite 69: © BCA / Rue des Archives
Seite 70: © Bettmann / Corbis
Seite 71: © AGIP / Rue des Archives
Seite 72: © BCA / Rue des Archives
Seite 75: © Michou Simon / Paris Match
Seite 76: © Michou Simon / Paris Match
Seite 77: © Michou Simon / Paris Match
Seite 78: © BCA / Rue des Archives
Seite 79: © Bettmann / Corbis
Seite 80: © Dennis Stock / Magnum Photos
Seite 83: © BCA / Rue des Archives
Seite 84: © BCA / Rue des Archives
Seite 85: © Rue des Archives / BCA
Seite 86: © Elliott Erwitt / Magnum Photos
Seite 88: © AGIP / Rue des Archives
Seite 89: © Bettmann / Corbis
Seite 90: © Hulton-Deutsch Collection / Corbis
Seite 91: © Hulton-Deutsch Collection / Corbis
Seite 92: © Bettmann / Corbis
Seite 92: © Bettmann / Corbis
Seite 93: © SPPS / Rue des Archives
Seite 95: © Bettmann / Corbis
Seite 96: © Bettmann / Corbis
Seite 96: © Hulton-Deutsch Collection / Corbis
Seite 97: © Bettmann / Corbis
Seite 98: © Bettmann / Corbis
Seite 100: © Keystone
Seite 101: © Philippe Halsman / Magnum Photos
Seite 102: © Bettmann / Corbis
Seite 103: © Philippe Halsman / Magnum Photos
Seite 104: © Eve Arnold / Magnum Photos
Seite 106: © Rene Maestri / Corbis Sygma
Seite 107: © Bettmann / Corbis
Seite 109: © Bettmann / Corbis
Seite 110: © Hulton-Deutsch Collection / Corbis
Seite 111: © Bettmann / Corbis
Seite 112: © Philippe Halsman / Magnum Photos
Seite 113: © Philippe Halsman / Magnum Photos
Seite 114: © AGIP / Rue des Archives
Seite 115: © Bettmann / Corbis
Seite 116: © Philippe Halsman / Magnum Photos
Seite 117: © Philippe Halsman / Magnum Photos
Seite 119: © Bettmann / Corbis
Seite 120: © Bettmann / Corbis
Seite 121: © Keystone
Seite 122: © Bettmann / Corbis
Seite 123: © Keystone
Seite 125: © Roger-Viollet
Seite 126: © Eve Arnold / Magnum Photos
Seite 127: © Bettmann / Corbis
Seite 128: © Bettmann / Corbis
Seite 129: © JFK Library
Seite 130: © Keystone
Seite 131: © Keystone
Seite 132: © Raymond Depardon / Magnum Photos
Seite 133: © Raymond Depardon / Magnum Photos
Seite 134: © Erich Hartmann / Magnum Photos
Seite 137: © Philippe Halsman / Magnum Photos
Seite 138: © Eve Arnold / Magnum Photos
Seite 139: © Bruno Barbey / Magnum Photos
Seite 141: © Rue des Archives / BCA / CSU
Seite 142: © Bettmann / Corbis
Seite 143: © Bettmann / Corbis
Seite 145: © Eve Arnold / Magnum Photos
Seite 146: © Bettmann / Corbis
Seite 147: © Rue des Archives / SPPS
Seite 148: © AGIP / Rue des Archives
Seite 149: © AGIP / Rue des Archives
Seite 150: © Garofalo / Paris Match
Seite 151: © Garofalo / Paris Match
Seite 152: © Bettmann / Corbis
Seite 153: © Bettmann / Corbis
Seite 154: © Bettmann / Corbis
Seite 157: © AGIP / Rue des Archives
Seite 158: © Bettmann / Corbis
Seite 159: © Bettmann / Corbis
Seite 160: © AGIP / Rue des Archives
Seite 161: © AGIP / Rue des Archives
Seite 162: © Garofalo / Paris Match
Seite 163: © Garofalo / Paris Match
Seite 164: © Bettmann / Corbis
Seite 165: © Keystone
Seite 167: © Rene Maestri / Corbis Sygma
Seite 168: © Bettmann / Corbis
Seite 169: © Bettmann / Corbis
Seite 170: © AGIP / Rue des Archives
Seite 171: © AGIP / Rue des Archives
Seite 172: © Bettmann / Corbis
Seite 173: © Bettmann / Corbis
Seite 174: © Bettmann / Corbis
Seite 176: © Bettmann / Corbis
Seite 177: © Bettmann / Corbis
Seite 179: © Ron Galella
Seite 180: © James Andanson/Sygma/Corbis
Seite 181: © Keystone
Seite 183: © Bettmann / Corbis
Seite 184: © René Vital / Paris Match
Seite 185: © René Vital / Paris Match
Seite 186: © Bettmann / Corbis
Seite 189: © Alex Gotfryd / Corbis
Seite 190: © Richard Melloul / Corbis Sygma
Seite 191: © Bruno Barbey / Magnum Photos
Seite 192: © Bettmann / Corbis
Seite 195: © Abbas / Magnum Photos
Seite 196: © Abbas / Magnum Photos
Seite 197: © Abbas / Magnum Photos
Seite 198: © Abbas / Magnum Photos
Seite 199: © Abbas / Magnum Photos
Seite 200:© Abbas / Magnum Photos
Seite 201: © Abbas / Magnum Photos
Seite 202: © Abbas / Magnum Photos
Seite 203: © Abbas / Magnum Photos
Seite 205: © Michel Setboun / Corbis

Der Verlag hat sich bemüht, alle Rechteinhaber der in diesem Buch veröffentlichten Fotografien zu ermitteln. Sollten dennoch berechtigte Forderungen bestehen, wenden Sie sich bitte an den Verlag.